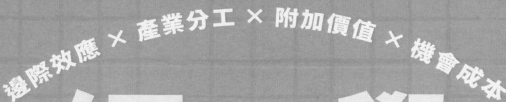

邊際效應 × 產業分工 × 附加價值 × 機會成本

經濟學
哪有只教你貪財

十六位經濟學大師帶你瓦解僵局
沒有常識就等著任人宰割！

Keynes

U0087506

資本家沒說的事 → 雇主和雇員之間，不應該是贈與和收受的關係？

隱藏的荷包殺手 → 以為不花錢就是累積財富，貨幣竟然逐漸貶值？

外來商品的危機 → 廉價勞動力壓低物價，也使當地產業岌岌可危？

★ 經濟學涵蓋範圍相當廣闊，生活樣樣都離不開它的掌控 ★

如果對周遭經濟漠不關心，很可能落入陷阱而毫不自知！

目錄

目錄

目錄

序言

經濟學是一門研究生產、流通、分配、消費價值及規律的學問。經濟學與自然科學和其他社會科學一樣，都是對研究對象客觀而規律的研究，經濟學的重要性在這裡也可見一斑。

經濟活動是人類特有的活動，學好經濟學可以幫助人們創造、轉化和實現價值；人類的經濟活動就是價值的創造、轉化與實現，以滿足人類物質文化生活的需求。

本書採用了虛擬課堂形式，精選了 16 位著名的經濟學家，從經濟學的 16 項基礎概念入手，將晦澀難懂的經濟理論與各種經濟現象相結合，用通俗易懂的語言，深入淺出地解析經濟學。

如今，世界經濟局勢變幻莫測，各類經濟現象撲朔迷離。專業的經濟學術語晦澀艱深，讓很多讀者對經濟學理論望而卻步。

面對「經濟學」這個龐大的科學概念，你是否感到茫然和迷惑？看到一系列經濟學圖表、公式和資料分析，你是否覺得無從下手？

其實，了解經濟學並不難。經濟學也可以變得妙趣橫生。本書就是這樣一本通俗的大眾經濟學讀物。

本書能夠引導每一位讀者入門，不管你對經濟學是略知一二，還是零基礎，本書都能讓你從此之後面對經濟學不再望而生畏。

本書包含了經濟學基礎原理、經濟學常用術語、市場經濟學、市場結構經濟學、消費經濟學、生產要素經濟學、廠商經濟學、總體經濟學、國際貿易經濟學、金融經濟、經濟形勢等內容，是一本很好的普及型讀本。

當前，世界經濟正面臨著全新的形勢，我們有責任針對新出現的經濟

問題，為讀者作出進一步的解釋，這是新形勢下讀者的需求，也是我們對經濟學的延伸和拓展。

　　此外，本書還有以下六大特色：只講經濟常識，以實用性為主；採用課堂方法，講解經濟學知識；揭示有趣的經濟現象；將經濟學專業術語化繁為簡；深入淺出地解析經濟理論；搭配圖片，讓讀者更容易理解。

　　經濟學是一門讓人收獲智慧與幸福的社會科學。經濟學與人們的生活息息相關，無論是學習、工作，還是婚姻、消費、理財等，經濟學知識和原理無處不在。

　　本書的重點不在於教授讀者那些深奧的理論，或者是讓讀者學習數學、圖表之類的工具來分析經濟問題，而是要逐步引導讀者，用經濟學家的思想去思考問題，用經濟學方式去解決問題。

　　本書能讓讀者學會選擇，從而做出正確決策，理性消費，感性生活。

　　讀懂經濟學，你的生活就能多一些保障，你的未來也會更加光明！經濟學是聰明人的選擇，請翻開本書，開始你的經濟學之旅吧！

作者

引言

王羽軒是經濟系大一的新生。某天傍晚,他正和室友聊天,一陣短促的敲門聲打斷了他們。

王羽軒起身開門,看到一張陌生的面孔。他疑惑地問來人:「請問您找誰?」來者神祕地笑了笑,遞給王羽軒一張精緻的卡片:「我這裡有 16 堂課,一共 16 晚,每晚都會有一位大師來講課,卡片只給有緣人。年輕人,要不要一張?」

王羽軒聽完啼笑皆非,現在的推銷都這麼神祕了嗎?他打算關上門。

陌生人攔住了他:「年輕人,機不可失哦!這可是免費的。」

王羽軒笑著對他說:「我可是學經濟學的,我知道,天底下沒有免費的午餐,您還是去別的宿舍問問吧!」

陌生人又是一笑:「你就收下吧!就在學校的大禮堂。每晚 12 點準時上課,你絕對不會失望的。」王羽軒半信半疑地收下了卡片。

到了晚上 11:30,王羽軒躺在上鋪怎麼也睡不著,他又拿出了陌生人給的卡片,翻來翻去地看著。

突然,王羽軒從床上坐起來。反正也睡不著,乾脆去看看。

他穿好衣服,開門溜出了宿舍,直奔大禮堂而去。晚上的校園黑漆漆的,安靜得讓人發毛,這讓王羽軒對課堂又產生了一絲疑惑。

推開大禮堂的門,裡面已經坐了不少學生。門口的年輕人穿著中世紀的服裝,面無表情地說:「你有卡片嗎?」王羽軒趕緊掏出卡片,門口的年輕人側身讓王羽軒過去:「快找個位置坐好,課程馬上就要開始了。」

王羽軒快走了兩步,正要入座時,只見講臺上緩緩走來一位導師。只

引言

　　見他滿頭捲髮，五官稜角分明，穿著英國古典服裝，典型的西方人樣貌。

　　王羽軒倒吸了一口涼氣：「這不可能吧，難道是⋯⋯他？」

第一章
配第導師主講「利息」

本章透過五個小節,講解威廉·配第關於「利息」的經濟學理論。作者用幽默詼諧的文字,為讀者營造出一種輕鬆明快的氛圍,讓讀者能在愉悅的氛圍中學習有關「利息」的經濟學理論。

William Petty，1623.5.27-1687.12.16，英國古典政治經濟學創始人，統計學家，被稱為「政治經濟學之父」。他率先提出了工作決定價值的基本原理，並在工作價值論的基礎上考察了薪水、地租、利息等範疇，他把地租看作剩餘價值的基本形態，他區分了自然價格和市場價格。其一生著作頗豐，主要有《賦稅論》、《獻給英明人士》、《政治算術》、《愛爾蘭政治剖析》、《貨幣略論》等。

第一節　錢是可以自己賺錢的

「各位東方的學生們，我是來自英國的威廉・配第，大家好。」威廉・配第教授挺直了腰板，將右手放在胸前，對著臺下的同學們鞠了一躬。

王羽軒沒像其他同學那樣吃驚，雖然他一眼就看出，臺上那個絕對不是演員，但由於他接受能力很強，所以他並不慌亂。

待臺下的騷動稍為平靜後，威廉・配第用紳士杖敲了敲地板：「各位的反應跟我預想的差不多，當我知道這堂課是要為 21 世紀的學生上課時，我也是十分驚訝的。」威廉・配第笑著向臺下眨了眨眼睛。

在場的同學們似乎很快地接受了這個事實，紛紛拿出了筆和筆記本。王羽軒什麼都沒帶，他不由得有些後悔自己沒有早做準備。要知道，威廉・配第導師的課，可不是什麼時候都能聽到的。

轉眼間，威廉・配第導師已經在黑板上寫下一個問題：錢會自己賺錢嗎？

看到這個問題，臺下的學生立刻開始了熱烈討論。王羽軒聽到有人說：「錢又沒手沒腳，自己怎麼賺錢？當然是人在賺錢啊！」「錢要是會自己賺，還要我們那麼努力做什麼？」但是王羽軒卻隱隱猜到了什麼。

威廉·配第導師看著臺下交頭接耳的同學們，有些得意地說：「大家肯定都是一頭霧水吧？錢怎麼能生錢呢？但是大家別忘了，投資就是典型的用錢來賺錢啊！」

臺下的同學們恍然大悟。

威廉·配第導師接著說：「有些人覺得投資很複雜，一提到這個問題就暈頭轉向。什麼基金、股票、債券，完全聽不懂。其實說白了，這些投資就是在用錢生錢。」

這句話讓王羽軒想到電視劇裡的一句臺詞：「人生錢很難，錢生錢卻很容易。」看來，威廉·配第導師講的就是這個道理。

威廉·配第導師接著說：「想讓錢自己賺到錢並不難，只要堅持『一個中心，兩個基本點』的原則就可以了。」

威廉·配第導師接著說：「這一個中心，就是以管錢為中心；兩個基本點則是以生錢和護錢為保障。最貼近日常生活的錢生錢方式，應該就是利息吧？」同學們紛紛點頭。（如圖1-1所示）

經濟學家語錄：
以管錢為中心，以生錢和護錢為保障。最貼近生活的錢生錢方式就是利息。

圖1-1 什麼是利息

王羽軒在學習經濟學課程的時候，曾聽導師講過，所謂利息，就是指貨幣資金在向實體經濟部門注入並回流時所帶來的增值額。當時覺得這個解釋晦澀難懂，所以留給王羽軒的印象並不深。

而威廉·配第導師對利息的解釋是：你把錢借給銀行，銀行支付給你的報酬。

王羽軒自己也有存錢，但銀行支付給自己的利息很有限，指望那一點存款能實現大富大貴根本不切實際，但畢竟聊勝於無。其他學生也是一臉若有所思的樣子。

在禮堂的角落裡，一個學生舉手提出了自己的疑問：「銀行支付利息給我們，那誰支付利息給銀行呢？銀行會不會賠？」

威廉·配第導師給該學生投以一個鼓勵的眼神後說道：

「其實，利息不僅包括銀行支付給你們的利息，也包括你們向銀行貸款時繳納的利息。早在封建社會甚至奴隸制社會時期，就已經存在著以高利貸形式的錢生錢方法。當然，銀行跟高利貸還是有很大差別的。」

說到這裡，聰明的同學已經猜到銀行的賺錢方式了。威廉·配第導師接著說：

「你可以想像如果銀行不給你利息，你會存錢進去嗎？你把錢存進銀行，銀行才有錢向別人放貸，要知道，貸款利息可是遠遠高於存款利息的。銀行給你 2.5% 的利息，再用你的錢去放貸，貸款的利息可是在 5% 以上呢。」

威廉·配第導師轉身在黑板上寫下了利息的計算公式：利息＝本金 × 利率 × 存期 ×100%。然後他轉過身，一本正經地講道：

「我把我的 50 萬元存入銀行，存 5 年定期，假如年利率是 4.8%。我什麼都不用做，我的 50 萬元就會每月賺到 2,000 元，每年就是 2.4 萬元，

5 年下來，就是 12 萬元。這還只是普通的銀行存款利息，有些利息甚至更高。這難道不是錢生錢最好的方式嗎？」（如圖 1-2 所示）

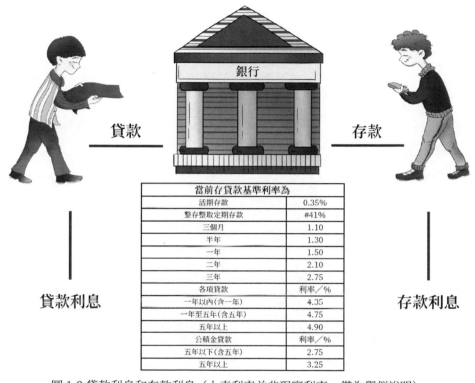

當前存貸款基準利率為	
活期存款	0.35%
整存整取定期存款	#41%
三個月	1.10
半年	1.30
一年	1.50
二年	2.10
三年	2.75
各項貸款	利率／%
一年以內(含一年)	4.35
一年至五年(含五年)	4.75
五年以上	4.90
公積金貸款	利率／%
五年以下(含五年)	2.75
五年以上	3.25

圖 1-2 貸款利息和存款利息（上表利率並非現實利率，僅為舉例說明）

大家都紛紛點頭，利息果然是錢生錢的好方法啊！威廉・配第導師看到大家滿面紅光的樣子，笑著說：

「一提到錢，大家的眼睛都開始發光了。但是先別急，我還有個問題要問大家。」他眨了眨眼睛對臺下的同學們說道，「你們知道為什麼諾貝爾獎的獎金永遠都發不完嗎？」

王羽軒思索著，利息每年就這麼多，諾貝爾獎怎麼會永遠也發不完呢？其他人也是一臉疑惑地看著彼此。

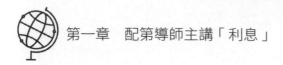

威廉·配第導師看著面露疑惑的學生們，狡點地笑了笑：「這就是我下面要講的內容 —— 複利。」

第二節　可以讓財富滾雪球的複利

威廉·配第導師一席話，讓臺下的學生有些想不通了。「利息」這個概念大家都知道了，那「複利」又是什麼呢？竟然能讓諾貝爾獎的獎金永遠都發不完？

王羽軒也苦思冥想了良久，明明記得上課時導師提過的，怎麼就是沒印象呢？

威廉·配第導師似乎很滿意大家這種困惑的表情，接著說道：「諾貝爾在全世界 20 個國家創辦了約 100 家工廠，在彌留之際，諾貝爾立下了遺囑，將自己的財產變作基金，每年用這個基金的利息作為獎金，獎勵那些在前一年度為人類做出卓越貢獻的人。大家記住，諾貝爾獎本金是 3,100 萬瑞典克朗。」

接著，他轉身在黑板上寫下這樣一串數字：

1901 年，獎金 15 萬瑞典克朗；

1980 年，獎金 100 萬瑞典克朗；

1991 年，獎金 600 萬瑞典克朗；

1992 年，獎金 650 萬瑞典克朗；

2000 年，獎金 900 萬瑞典克朗；

2001 年，獎金 1,000 萬瑞典克朗；

……

　　王羽軒和大家一樣，眼睛隨著威廉・配第導師寫下的數字越睜越圓，不少學生都計算出，諾貝爾獎金發放的總額，早已遠遠超過諾貝爾遺產的本金金額。

　　威廉・配第導師笑著說：「如果沒有複利，諾貝爾獎早已不復存在了。1953 年，諾貝爾獎的資產只剩下 300 多萬美元。再加上通貨膨脹的影響，這些錢只相當於 1901 年的 30 萬美元。」

　　大家明知道諾貝爾獎並沒有破產，但心還是不由自主地緊張了起來，十分專注地看著威廉・配第導師。威廉・配第吊足了大家的胃口後，滿意地接著說：

　　「諾貝爾基金會的理事們求教於經濟專家，用一種新的資產管理方式，一舉挽回了諾貝爾獎的破產危機。不僅如此，到 2000 年之後，諾貝爾獎的總資產已經成長到超過 5 億美元了。」

　　這時，王羽軒聽見有同學說：「我知道了！您是想說經濟學上的『72法則』！」威廉・配第導師向那位學生投去讚許的目光，然後向其他學生解釋道：

　　「『72 法則』，就是用 72 除以報酬率，可以估算出本金增減所需的時間，反映出複利的結果。舉個例子吧！假如你將投入 100 萬元，年利率是 10%，那麼，你的 100 萬元成長到 200 萬元，大約需要 $72 \div 10$，也就是 7.2 年時間。」

　　威廉・配第導師一邊說，一邊把複利計算公式寫到了黑板上：$F = P(1 + i)^n$。

　　「其中，P 就是我們的本金，也就是那 100 萬元；而 i 則是利率，也就是 10%；n 為持有期限。」威廉・配第狡點地眨了眨眼睛，「諾貝爾的財富真的很令人羨慕啊，而這也是利滾利最好的例證。」（如圖 1-3 所示）

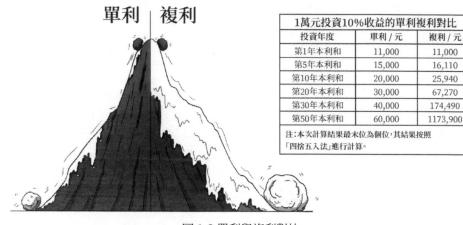

1萬元投資10%收益的單利複利對比		
投資年度	單利／元	複利／元
第1年本利和	11,000	11,000
第5年本利和	15,000	16,110
第10年本利和	20,000	25,940
第20年本利和	30,000	67,270
第30年本利和	40,000	174,490
第50年本利和	60,000	1173,900

注：本次計算結果最末位為個位，其結果按照「四捨五入法」進行計算。

圖 1-3 單利與複利對比

　　說到這裡，威廉‧配第導師喝了口茶，滿意地看著臺下學生們瞠目結舌的樣子。王羽軒將威廉‧配第導師的話好好消化了一番，才發現原來經濟學這麼有趣，難怪有這麼多人都為經濟學著迷。

　　威廉‧配第導師補充道：「複利最大的魅力就在於，它不僅是本金產生利息，利息也能產生利息，就像滾雪球一樣，越滾越大。」

　　威廉‧配第導師聳聳肩，輕鬆地說：「躺著也能賺錢，這是一件真實的事。其實你也有希望登上富豪榜。也許你們當中有人會問：『我怎麼不知道還有這種好事呢？』因為，你不懂複利呀！」

　　很多人包括王羽軒，大家都認為致富的先決條件是龐大的本金，其實並非如此。「不積跬步，無以至千里；不積小流，無以成江海」就是這個道理。說白了，只要懂得複利，一粒米也能變成大糧倉。

　　威廉‧配第導師讓大家思考一下自己的話，然後又說：「我出一個問題，考考大家是否真的聽懂了複利這個概念：有兩個人，第一個在 23 歲的時候，每年投資 1 萬元，直到自己 45 歲，按照年複利率 15% 的收益成長；另一位在 32 歲才開始投資，他每年投資 2 萬元，同樣是 15% 的複利

率。當二人都到 45 歲時，誰的錢更多？」

王羽軒聽到有些學生小聲說「投資兩萬元的更多」，也有人說「先投資的人錢更多」，但更多的學生則是拿出筆和紙，仔細地計算著二人的所得。

最後，大家紛紛給出了答案：先投資的人賺得更多。

威廉‧配第導師滿意地笑了：「很好，看來你們都認真聽講了。先投資的人，在他 45 歲時，透過複利能得到約 138 萬元，而後投資的人，到他 45 歲時只能獲得 68.7 萬元。這就是複利的時間力量。」

這個問題讓王羽軒想到了自己的姐姐，她也是早早就做投資賺利息，拿了家裡的 100 萬元做抵押理財，年利率是 10%，一年後，對方付給他姐姐 110 萬元。然後，他姐姐又拿 110 萬元繼續做理財，依舊是 10% 的年利率。

第二年，這 110 萬元的利息變成了 11 萬元，本息加起來是 121 萬元。七年後，他姐姐的理財本息已經達到了 194.8 萬元，接近最初本金的兩倍。第 12 年的時候，她的本息已經達到了 314 萬元，是最初的 3 倍多，這就是複利的魅力。

威廉‧配第導師打斷了王羽軒的回憶，接著對大家說：「5 萬元，相信每個家庭都會有這些儲蓄。如果將這 5 萬元投入到一項每年獲 10% 利率的投資上。按照複利計算，30 年後，當初的 5 萬元資產將變成：$F = 50000 \times (1 + 10\%)^{30-1}$，也就是將近 80 萬元。這難道不誘人嗎？」

威廉‧配第導師的例子，讓臺下的學生們雙眼發光，也讓王羽軒想到了愛因斯坦的一句話：「宇宙間最大的能量是複利，世界的第八大奇蹟是複利，複利的威力比原子彈更可怕。」

威廉‧配第導師笑著說：「當然了，經濟學是聰明人的遊戲，複利的

確是暴利，但是作為我的學生，你們一定要分清暴利和偽裝成暴利的騙局，如果你們被傳銷集團騙了，可不要說是我的學生哦！」

王羽軒和其他學生立刻要求道：「導師，快跟我們講講經濟學裡的騙局吧！傳銷到底是怎麼回事呢？」

第三節　利用高報酬設置陷阱的龐氏騙局

威廉·配第導師看著臺下起勁的學生們，笑著敲了敲手中的紳士杖：「我想問各位，有誰知道龐氏騙局嗎？」

王羽軒仔細回憶了一下，這個詞好像在哪裡聽說過，啊！對了，在專業課本後面，有一幅圖是……「金字塔騙局！」王羽軒不禁脫口而出。威廉·配第導師向王羽軒投來讚許的目光。

「沒錯，龐氏騙局就是金字塔騙局的最初模型。」

威廉·配第導師在黑板上畫了一幅圖。最上面一層畫了 1 個小人，寫著「第一代投資者」；第二層畫了 2 個小人，寫著「第二代投資者」；第三層畫了 4 個小人，寫著「第三代投資者」。（如圖 1-4 所示）

他說：「龐氏騙局是對金融領域投資詐騙的稱呼，主角是一個義大利投機商人，叫查爾斯·龐氏。他移民到美國後，便著手策劃了一個騙局。」

「他沒花自己的一分錢，就在經濟癱瘓的美國騙到了 1,500 萬美元。」威廉·配第導師聳聳肩，「他靠著這筆錢住上了豪華別墅，買了一百多套西裝，他的幾十根拐杖都是純金鑲寶石的，甚至連菸斗上都鑲滿了鑽石。」

圖 1-4 龐氏騙局

　　王羽軒和其他學生的注意力立刻被威廉・配第導師的故事吸引住了，彷彿一個穿金戴銀的騙子就在自己眼前。學生們紛紛催促導師：「後來呢？」

　　威廉・配第導師笑了笑：「後來他當然破產了，因為他根本不懂經濟，他的 3 萬名隨眾也不懂經濟。」王羽軒的好奇心簡直要衝破胸膛了，其他學生也是滿臉期待，紛紛發言：

　　「這個查爾斯・龐氏到底用了什麼方法呢？」

　　「這個騙局跟傳銷又有什麼關係呢？」

　　威廉・配第似乎很滿意，因為大家都在跟著自己思考。於是他笑著喝了口紅茶，繼續說：

　　「他只是虛構了一個投資計畫，並且把這個計畫弄得很複雜，讓一些門外漢根本聽不懂他在說什麼，但又覺得這個計畫很厲害。但得逞的關鍵是，他向投資者許諾，三個月內就可獲得 40% 的利潤，用高額的報酬來誘使投資者進行投資。」

　　威廉・配第導師指著黑板上的圖，繼續說道：「當然，一開始的高報酬是存在的。因為狡猾的龐氏把新投資者的錢當作快速報酬，付給最初投資的人，借此誘使更多的人上當。由於龐氏付給第一批投資人的報酬豐厚，所以他只用短短七個月時間就吸引了 3 萬名投資者。」

　　王羽軒聽懂了，所謂「龐氏騙局」，本質上就是利用人對於高額利息的追求，玩了一招拆東牆補西牆，「空手套白狼」的把戲，用創造利息賺錢的假象來騙取更多的投資。

　　威廉・配第導師攤手道：「其實，這個騙局很容易被識破，只要你稍微懂點經濟，就完全不會上當。因為這個世界上不可能存在高額但沒有風險的利息收入，但不幸的是，因為大眾缺乏經濟學知識，很多非法的傳銷集團還是能繼續用這一招聚斂錢財。因為大眾從不會反問自己，這個世界上怎麼可能有零風險的高利息收入呢？」

　　王羽軒想到了最近電視上曝光的傳銷騙局，果然跟「龐氏騙局」的操作手法如出一轍。只是，在地的傳銷騙局更多是利用人們的感情，讓受害者的親戚朋友與受害者聯絡，透過拖親人下水的方法，挽回自己的損失。

　　威廉・配第導師有些苦惱：「懂經濟學的人都知道，天上不可能掉餡餅，地上到處是陷阱。沒有產品，沒有可行的方案，甚至連一個正式的公司都不算，你怎麼敢把錢投到這樣的地方呢？」

　　傳銷就是「龐氏騙局」的衍生版，很多搞傳銷的人都在鼓吹「投資零風險」，這個世界上怎麼可能有零風險的投資呢？就像威廉・配第導師說

的那樣：

「如果有人告訴你『來投資我們的產品，我們是零風險投資，並且利潤高得驚人』，那你一定要拒絕，因為這絕對是個騙局！記住：有收益，就一定有風險。」

查爾斯‧龐氏用郵政票據就能吸引來上千萬美元，上萬名隨眾，這在威廉‧配第導師看來十分荒唐，也十分無奈，騙子得逞的原因就是受害者的無知。

王羽軒和在場的很多學生都看過關於傳銷的報導，他們知道，傳銷集團最初實行的就是「三不談」，即不談公司、不談理念、不談制度。總之，他們不會告訴你傳銷的真相，只拋出一個甜蜜的誘惑給你。

如果你的資產很多，或者你的親朋好友很多，你就有可能成為騙局中的第一代、第二代投資者。騙子會給你一筆收益，讓你覺得他們是可以信任的，覺得這個「專案」是穩賺不賠的，然後誘使你再把更多的錢投入騙子的口袋。

「很多人都被『龐氏騙局』騙得傾家蕩產。」威廉‧配第導師有些不忍地說，「多少原本美滿的家庭，都因為陷入傳銷騙局而支離破碎。其實，只要他們懂一點經濟學知識，這種悲劇完全可以避免！」

威廉‧配第導師擺擺手，似乎也不願意讓氣氛變得沉重，他換了輕鬆明快的語氣：「沉重的事情就講到這裡，讓我們還是回到利息上吧！要知道，計算利息的方式不同，結果可是大相逕庭的哦！」

王羽軒和其他學生聽到利息，立刻振奮了精神，紛紛拿出自己的紙筆，準備跟這位經濟大家再學點賺錢的本領。

第四節　計息方式不同，結果令人震驚

威廉·配第導師首先提了一個問題：「有誰知道計算利息的方式有哪幾種？」

學生們都毫不猶豫地說出了答案：「有複利！」「有銀行的單利！」

威廉·配第導師滿意地說：「看來大家都在認真聽我講課，我很高興，謝謝大家。但是，我要告訴你們，計息方式其實有三種。不，準確地說，是有六種。」

雖然王羽軒是學經濟學的，但畢竟還是個新生，他也只知道單利和複利這兩種計息方式，那剩下的幾種方式是什麼呢？

威廉·配第導師看出了學生們的疑惑，也不賣關子了，他在黑板上寫了三個詞：單利、複利和年金。

王羽軒心想：單利和複利我知道，這個年金又是什麼呢？沒等他想完，周圍的學生便開始議論紛紛：「這樣不是三種計息方式嗎？」「年金是什麼呢？」

威廉·配第導師在大家的疑惑聲中，轉身又在黑板上加了幾筆。

他在單利、複利和年金下面分別加了「現值」和「終值」兩個詞，然後又說：「年金，就是你定期或不定期的現金流，比如分期付款、分期還貸、養老金、租金等都屬於年金形式。參與年金計畫也是一項很好的投資安排。」

王羽軒最初是不太了解年金的，但是他知道養老金，養老金源自於自由市場經濟較為發達的國家，是公司老闆出於自願而建立的員工福利計畫。每個月繳納一定的金額，用於保障工人退休後的基本生活需求。

提供年金合約的金融機構一般為保險公司。年金終值包括各年存入的本金相加以及各年存入的本金所產生的利息，但是，由於這些本金存入的

時間不同，所以產生的利息也不盡相同。

　　威廉‧配第導師神祕一笑，對臺下的同學說：

　　「當然，年金是一種很好的投資方式，但這並不是我們的重點。我要教給你們的是 ──」威廉‧配第導師指了指黑板上的兩組詞：「終值和現值。有人知道終值和現值分別是什麼嗎？」

　　王羽軒被問倒了，他看到其他學生也是一臉迷茫。自己對終值還有點印象，因為上次跟家裡人去銀行做理財，隱約聽銀行的人講起過。

　　威廉‧配第導師似乎很喜歡看到大家迷惑不解的樣子，於是笑著說：「終值其實很簡單，就是指現在某一時點上的一定量現金折合到未來的價值。也就是你投入資金的未來價值。」

　　威廉‧配第導師看大部分學生還是一臉迷茫，進一步解釋道：「舉個例子，大家都會去銀行存錢吧？假如去銀行存 1 萬元，利息是 1%，那麼 1 年之後，你的本息加起來大約是 1.01 萬元，這 1.01 萬元就是終值。也就是俗稱的『本利和』。」

　　王羽軒恍然大悟，原來終值就是本息相加的數字。那現值呢？

　　威廉‧配第導師彷彿看出了王羽軒內心的想法，接著講道：「現值比終值稍微複雜一點，但也很好理解。就是指未來某一時點上的一定量現金折合到現在的價值。我舉個例子來說明。」

　　他拿起自己的紅茶杯說：「假如這是我的一套房產，我想把它出租出去，為期 20 年。但我不知道它現在值多少錢，我就可以用現值的概念，將它未來 20 年的租金收入，折算成今大的價值。」

　　「再比如說，一位員工面對兩個退休金方案的選擇。」威廉‧配第導師放下紅茶杯說，「方案 1：一次性收取 100 萬元現金；方案 2：在退休日起每年收取 10 萬元自動轉帳，直至第 12 年。這位僱員所考慮的，就是現值問題。」

威廉·配第導師笑著說：「現值的概念非常有用。有的經濟學家用它來計算財富，有的經濟學家用它來計算能量消耗。現值還有一個有趣的用途，就是來確定樂透的中獎金額究竟價值多少。」

他舉了一個關於樂透的有趣案例：

美國加利福尼亞州政府透過廣告宣稱，自己有一項樂透的獎金高達100 萬美元，但不會一次性發放。加利福尼亞州政府承諾，在 20 年內，每年付給得獎者 5 萬美元。那麼現在這個 100 萬元就不是真正的 100 萬元了，我們按貼現率 10%，而且每筆獎金可以按時到帳來計算，這筆獎金的現值也只有不到 47 萬美元。

威廉·配第導師一笑：「我們使用貼現率來計算，未來的 1 元和現在的 1 元有什麼差異。如果貼現率是 5%，那就意味著 1 年後的 105 元，只相當於現在的 100 元，或 100 元相當於現在的 95.24 元。」

威廉·配第導師笑著對臺下的學生們說：「現在，各位都知道了計息的種類。我想說的是，計息方式不同，結果當然也就大相逕庭。」（如圖1-5 所示）

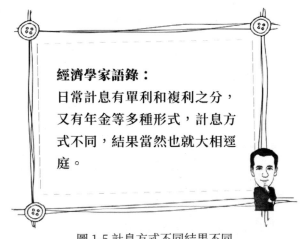

經濟學家語錄：
日常計息有單利和複利之分，又有年金等多種形式，計息方式不同，結果當然也就大相逕庭。

圖 1-5 計息方式不同結果不同

他又給在場的學生們舉了個例子：有人在兩家不同的銀行分別辦理了為期三年的 10 萬元存款業務，兩家銀行的年利率都是 3%，但存款到期後，他發現第一家銀行的利息比第二家銀行少了 300 元。

第一家銀行給了他 9,000 元的利息，而第二家銀行則給了他 9,300 元的利息，他為此感到很納悶。後來審閱存款協議才發現，第一家銀行是 3% 年息但到期一次性計算利息，所以 3 年的總利息就是 9%，第二家銀行是 3% 年息，每年計息轉存，3 年的總利息就是 9.3%。

其實，這就是因為銀行計算利息的方法不同而導致的結果不同。

這兩種計息方法雖然不同，但都是正確的方式。採用不同的計息方式，所獲得的收益就會不同。

威廉‧配第導師笑了笑，說：「大家都說學經濟學的人聰明，這句話是沒錯的，學一點經濟學真的很重要。它能幫你增加財富，還能讓你避免上當。」

威廉‧配第導師朝著臺下的學生們眨眨眼：「有誰還記得，我在講龐氏騙局時提到的一句話？有收益就 ——」

「一定有風險！」同學們異口同聲地回答道。威廉‧配第導師很滿意地笑了：「很好，下面我就來跟大家講講，為什麼有收益，就一定有風險。」

第五節　利息和風險收益理論

威廉‧配第導師開玩笑道：「我講傳銷內容時，曾說如果你們當中有誰被『龐氏騙局』騙到的話，就不要說是我的學生。大家都還記得吧？」

王羽軒和其他學生紛紛表示記得，威廉‧配第導師向王羽軒的座位

望去。

「我聽邀請人說，有位學生在接受課程卡片時說過，天下沒有免費的午餐，對吧？」威廉‧配第教授笑著看向臺下。王羽軒有點不好意思地抓抓頭。

威廉‧配第教授卻鼓起掌來，大聲地說：「我要給這位學生鼓掌，因為天下確實沒有免費的午餐。我在之前講到的種種收益就是一塊巨大的蛋糕，但你要背負如此巨大的蛋糕，也是要承受重量的。」

王羽軒聽到風險，立刻挺直了腰板，別的學生也是一副正襟危坐的樣子。

威廉‧配第導師先在黑板上寫下了一個公式：$K_j = R_f + \beta_j (K_m - R_f)$。這個公式是衡量收益與風險關係的一個基本公式。

在這個公式中，資產的預期報酬率為 K_j，風險係數為 β_j；K_j 隨著 β_j 的增大而提高，隨著 β_j 的減小而降低。

威廉‧配第導師說：「相信這個公式大家都明白，簡單來說，就是收益和風險價值具有對稱性：風險越小，收益越低；風險越大，收益越高。這就是風險收益均衡原則。」（如圖 1-6 所示）

圖 1-6 利益與風險

　　這一點王羽軒深表贊同。如果想獲得巨額收益，就必須勇於承擔巨大風險。

　　但威廉·配第導師卻又無奈地攤手說道：「當然，這個公式是不可逆的。我只能說，高收益一定是高風險，但高風險卻並不一定是高收益。因為風險是不可預見的，有時，高風險甚至會造成致命的損失。」

　　王羽軒想，這就是要我們敢於冒險，同時還要善於冒險啊！

　　「需要注意的是，我們計算利息時，利率也是經常變動的。」威廉·配第導師說，「這也是風險的一種。當利率提高時，就會讓籌資的成本增大。」

　　威廉·配第導師告訴大家：在籌資過程中，籌資的風險可以用財務槓桿係數來衡量。也就是說，財務槓桿係數越大，籌資風險人，風險越大，則收益就越大；反之，財務槓桿係數越小，籌資風險越小，收益也越小。

　　威廉·配第導師說：「不同的人，對風險抱持的態度也不同。因此，

他們在資本結構中放的資金比重亦不相同。承擔的風險不同，獲得的收益就不一樣。」

這一點，也讓臺下的學生們頻頻點頭。確實，對於那些財務實力很強、環境適應能力較好的理財者來說，他們可以適度提高籌資中的財務槓桿係數，從而獲得更多的風險收益。

「所以，理財者要關注利率的變動，這也是利息和風險收益理論關聯最大的一點。」威廉‧配第導師換了一種嚴肅的語氣，「此外，我還看到有不少企業，其資本結構中的負債比重偏大，超過了其所能承受的範圍。因此它們面臨的風險很大，急需調整。」

威廉‧配第導師敲了敲紳士杖，強調道：

「在投資時，一定要權衡收益與風險。一定要從自身的實際情況出發，錢多可以多投資，錢少就要少投入。看清風險，再做投資，這才是一個聰明人應該有的經濟頭腦。我經常見到很多人，都是因為投資不善，而從千萬富翁變成了一貧如洗的乞丐。」

「但需要注意的是，風險這股力量雖然可怕，但如果駕馭得好，就能讓個人甚至一個國家迅速地富有、強大起來。」威廉‧配第導師聳了聳肩膀，「學經濟學的人都知道，美國之所以如此快速發展，跟其風險投資是密切相關的。」

臺下的學生們聽見威廉‧配第導師如此說，不由得又雙眼放出金光來。威廉‧配第繼續說道：「美國有一大批優秀的企業，比如微軟、雅虎、英特爾，這些企業的崛起都得益於風險投資的支援，矽谷就是風險投資創造高科技的典範。」

王羽軒知道，現在各國在經濟方面也加快了風險投資的發展，但要做好高風險高收益的風險投資，還要從學懂經濟學做起啊！臺下其他同學也

是一臉若有所思的樣子。

　　威廉・配第導師一笑:「相信大家都驚嘆於風險投資所帶來的高收益，也擔心高收益所帶來的高風險。其實，風險和收益就是對等的。大家知道做什麼賺錢最快嗎？搶銀行啊！所以搶銀行也是風險最大的，被抓到就完蛋了。」（如圖 1-7 所示）

經濟學家語錄:
在投資上，風險和收益就是對等的，越高的收益代表著越大的風險。

圖 1-7 收益與風險

　　威廉・配第狡點地眨了眨眼，大家哄堂大笑起來，氣氛也變得輕鬆明快。威廉・配第導師說，他有三招，能讓大家避免陷入債務泥沼。

　　第一，培養風險意識，杜絕僥倖心理。在經濟圈中有一句話，叫做「投資有風險，理財須謹慎」。在投資理財的各個環節中，風險與收益始終同在，要謹慎對待風險。

　　威廉・配第導師說:「不少理財者在利益蛋糕的甜美誘惑下，經常選擇忽視或輕視風險的存在，為此遭受了不應有的損失。理財一定要從自身財務實力和能力水準出發，如果一味地貪快錢，總想賭一把，肯定會背負

巨大損失。」

第二，面對風險，控制投資風險。投資並不是簡單的「投入資金 - 獲得回報」，而是一個涵蓋專案開發、評估、決策、規劃、執行和評估結果等多個步驟的過程，其中決策是至關重要的一環。我們必須避免個人缺乏對經濟規律的認識，僅憑主觀決策的做法。

第三，預見風險，挑戰風險。風險確實蘊含著危機，但更孕育了無限的利益。把錢存入銀行，賺活期利息的確很平穩，但普通人存一年的利息還不夠吃一頓美食。所以要敢於並善於挑戰風險，挑選更適合自己的投資方式。

威廉‧配第導師說：「理財者要善於學習，提高理財水準和迎接風險能力。要預見未來可能面臨的危機和風險，並為此採取有效的預防措施。」

「這些，就是我本次課程的全部內容。」威廉‧配第導師率先在臺上鼓掌：「你們是我帶過最有靈性的學生，這堂課程很成功，也請你們為自己鼓掌！」

王羽軒和其他學生紛紛報以雷鳴般的掌聲，給自己，也給臺上這位經濟學大師。威廉‧配第導師就在這雷鳴般的掌聲中，朝臺下的學生們鞠了一躬，走向了幕後。

第二章
亞當斯密導師主講「分工」

本章透過四個小節，講解亞當斯密的經濟學精髓。作者使用幽默詼諧的文字，為讀者營造出輕鬆明快的氛圍。讓讀者能在愉悅的氛圍中學習有關「工作分工」的經濟學理論。

亞當斯密

Adam Smith，1723.6.5-1790.7.17，經濟學主要創立者，經濟學鼻祖。世人尊稱亞當斯密為「現代經濟學之父」和「自由企業的守護神」。

亞當斯密的核心經濟學思想主要有三點：

第一，他提出了經濟的發展是由「看不見的手」—— 市場來引導的，提倡自由競爭，反對政府干預。

第二，從人的本性 —— 利己動機出發，論述了利己主義是人類一切經濟行為的動機。

第三，提出工作分工是提高效率的關鍵，提出了工作價值論，第一次明確提出價值和使用價值的概念。

第一節　繡花針、流水線和產業分工

王羽軒聽了威廉·配第導師的課程後，就一直盼望著下週六夜晚的到來。威廉·配第導師關於「利息」的知識讓王羽軒在系上大大地活躍了一番。

週六晚上十一點半，王羽軒帶著筆和筆記本出現在學校的大禮堂裡。「今天會是哪位導師來講課呢？」王羽軒心裡暗想，隨即又笑了，不管是哪位導師來講課，都不會再比威廉·配第導師震撼了吧！

他一邊在座位上轉著筆，一邊等候著十二點的深夜課程。

等到禮堂被學生們坐滿後，臺上的燈光亮了起來。王羽軒不由得坐直了身體，準備迎接新導師的上場。

在禮堂的燈光下，一位老人緩緩地走上臺。他滿頭白髮，額頭很寬，鷹鉤鼻上是一雙銳利且精明的眼睛。上場後，老人挺直了腰板，露出一個和藹的微笑。

天啊！竟然是……王羽軒的腦子混亂了。他只聽見其他同學興奮的聲音：「天啊，是亞當斯密！」

這到底是一個什麼樣的課程，竟然能讓學生們傾聽亞當斯密本人的授課。即便是經濟學的門外漢，也知道亞當斯密和他的著作《國富論》。

王羽軒第一次接觸《國富論》時，還是在高中的歷史課本上。他記得正是亞當斯密「看不見的手」促進了資本主義經濟的發展。他怎麼都沒有想到，自己竟然真的有機會傾聽亞當斯密導師本人上課。

等臺下平靜下來後，亞當斯密導師開門見山地說道：「我有一個問題，想問問學生們，財富的泉源是什麼？」臺下的學生們收起了自己的驚訝，開始認真地思考這個問題。

王羽軒記得，在《國富論》的序言中有這樣一句話：「一國國民每年的工作，就是供給他們每年所消費的一切生活必需品的泉源。」於是王羽軒脫口而出道：「是工作！」

亞當斯密導師雙手一拍，笑著說：「早就聽威廉·配第先生說，這裡的學生很聰明，果不其然。那麼，我是不是可以這樣說：『既然工作是財富的泉源，若想增加財富，就得提高工作效率或增加工作量？』」（如圖 2-1 所示）

經濟學家語錄：
勞動是財富的泉源，若想增加財富，就要提高勞動效率或增加勞動量。

圖 2-1 工作是財富的泉源

學生們紛紛點頭。亞當斯密導師回憶道：「在我那個年代，正處在資本主義上升時期。無論是國民還是政府，對於財富的渴望都是空前的強烈。所以，提高工作效率就顯得極為重要。」

亞當斯密導師說：「就在我為了如何提高工作效率煩惱時，卻發現一家只有 10 人的繡花針工廠裡，每天竟能生產 48,000 枚繡花針，平均每人生產 4,800 枚！」

學生們一臉疑惑，一家工廠，每天生產 48,000 枚繡花針很難嗎？

亞當斯密導師看出大家的疑惑，於是耐心解釋道：「生產一枚繡花針，需要經過 18 道工序。如果讓工人各自獨立完成全部的工序，一個工人一天甚至不能製作完成 1 枚。」

「那麼下面，各位就應該知道我今天講課的內容了吧？」亞當斯密導師笑著問道。臺下的同學都笑了，紛紛回應道：「您是要講分工的重要性！」「分工更能提高工作效率，創造財富！」

亞當斯密導師讚許地點了點頭：「一個工作者，如果沒有受過職業訓練，又不懂得怎樣操作機械，那麼，即便他竭力工作，一天也製造不出一枚繡花針。但按照分工的方法，每人每天就能造出 4,800 枚繡花針！」

亞當斯密導師雙手比劃著：「分工能使某個職業分成若干部門，就拿繡花針廠做例子：一個人抽鐵線，一個人拉直，一個人切截，一個人削尖，一個人磨圓頭，一個人塗色，一個人包裝……這樣，就可以將別針的製造分為 18 道工序。」

「有些工廠讓 18 名工人各司其職。當然，有時也需一人身兼多職。」亞當斯密導師笑著說，「我見到的這家小繡花針廠，只僱用了 10 個工人，如果他們勤勉努力的話，每人每天能製針 4,800 枚。」

王羽軒不由得點點頭，這就是分工的重要性。分工不但能讓工作更專

業化，而且能夠提高工作的熟練程度，提高工作效率，最後帶來的是財富的增加。

　　亞當斯密導師告訴學生們，分工帶來的效率是大家有目共睹的，但分工為什麼能夠提高生產效率呢？其原因有三點：

- 工人因從事專業性更強的工作，其技巧也與日俱增；
- 從一道工序轉移到另一道工序，通常會損失大量時間。有了分工，工人就可以保持效率，免除這種損失；
- 很多簡化工人工作量、縮減工人工作時間的機械發明，都只能在分工的基礎上實施。

　　亞當斯密導師笑著說：「在工廠裡，還有一點能夠展現出分工的重要性，那就是流水線。」

　　王羽軒上小學時，學校曾帶領他們去工廠參觀，所以他知道，流水線工作指的是將重複的工作分割成單一的步驟，讓每個工人只需負責其中的一部分，這樣生產效率就可以獲得提升。（如圖 2-2 所示）

圖 2-2 工廠的流水線

亞當斯密導師說：「流水線是指工廠裡的生產線。流水線上，每個工人所負責的工作都不相同，但卻緊密相連。負責上一道工序的工人做完自己的工作後，就直接傳給下面的工人，然後這樣一直傳下去，直到這條流水線結束為止。」

亞當斯密導師舉了個例子：「1769 年，英國人約書亞·威治伍德創辦了一家陶瓷工廠，在工廠中，威治伍德實施了精細的工作分工，他把原來由一個人完成的製陶流程分成幾十道專門的工序，再指定專人完成不同的工序。這樣一來，傳統意義上的『製陶工』就不存在了，」亞當斯密導師聳了聳肩，「存在於其工廠中的只有挖泥工、運泥工、製坯工等。製陶匠人變成了製陶廠的工人，他們必須按固定的作息時間工作，並服從工廠的工作管理。」

威治伍德的這種工作方法已經完全可以定義為「流水線」了：

- 在流水線上規劃多種工序，可以整合生產工藝，滿足生產需求；
- 可以根據具體產品，設計符合生產需求的流水線；
- 節約工廠生產成本，甚至可以壓縮工人數量，而且投入低廉，報酬率高。

王羽軒知道，著名的福特汽車創始人福特先生，也是因為將傳統的生產工廠改為流水線生產工廠，從而大大提高生產效率，降低了生產成本，繼而在競爭中擊敗對手，在某段時期幾乎占據了汽車市場的半壁江山。這種流水線作業正是分工理論在生活中的應用。

亞當斯密導師笑著說：「大家都知道分工的重要性，但有沒有人知道是什麼驅動力推動了社會的進步呢？」

在學生們熱烈的討論聲中，亞當斯密導師在黑板上寫下了一行大字：人類歷史上的三次社會大分工。

第二節　大分工是社會推動力

寫下這一行字後，亞當斯密導師對臺下恍然大悟的學生們笑著說道：

「我認為，交換是人類與生俱來的能力。早從原始社會開始，人們就為了滿足自己的需求學會了『以物易物』。經濟在此基礎上不斷地發展，出現了商品交換，進而有了社會的更替。之後，資本主義才登上了歷史舞臺。」

亞當斯密導師告訴大家：

第一次社會大分工讓畜牧業從農業中脫離。在第一次社會分工後，人類社會出現了私有制，社會出現了對立階級，人類進入奴隸社會。

第二次社會大分工讓手工業從農業中脫離。在第二次社會分工後，交換的概念出現了，最早的一般等價物 —— 貨幣出現，極大地推動了社會經濟發展。

第三次社會大分工實現了商業的分離。商品交換發展到一定時期，就出現了專門從事商業的商人。商業的出現使社會財富分配出現不均，階級對立變得更為嚴重，但商業又促進了社會發展，提高了社會生產力。

亞當斯密導師說：「其實，分工的起源主要還是因為每個人的才能都不一樣，具有自然差異，這也就決定了分工必定符合每個人的利益。專業化能提高生產力，促使個人增加財富，如此一來，社會生產也將擴大，進而促進了社會繁榮，推動了社會發展。」

「當年我首次提出分工論，對於當時的社會造成了非常重要的影響。」亞當斯密導師挺了挺胸膛，驕傲地說，「因為分工可以提高效率，所以福特汽車的創始人就把生產一輛車的時間分成了 8,772 個工時。分工成為企業管理的主要概念。」

　　王羽軒連連點頭，暗想道：沒錯，我剛才就想到了福特汽車的例子。看來分工真的是社會的推動力，也是經濟的推動力。

　　亞當斯密自豪地開玩笑說：「我的分工理論對於經濟發展起了極為重要的作用。之後出現的專業分工、職能分工和社會分工等理論，都和我的學說有著『血緣關係』，在經濟活動中，分工真的是很重要的事。」

　　臺下的學生們紛紛報以友好的微笑。亞當斯密導師繼續說：「我以前說過這樣一句話：請把我想要的物品給我吧！同時，你也可以獲得你所要的物品。」

　　因為每個「理性的人」都有利己主義。每個「理性的人」的利己主義，又必然被其他人的利己主義所限制。這就迫使每個人都要顧及他人的正當利益，由此產生了社會利益。可見，分工就是社會最大的推動力。

　　王羽軒知道，亞當斯密的話代表著「以經濟人為中心的觀點」，這也是資本主義理論的基石。所謂「以激勵為主導的管理方式」的管理方式，就是基於這種理論的基礎而產生的。

　　亞當斯密導師把分工看作社會進步的象徵，他告訴學生們：「在一個經濟較為發達的社會中，能讓最底層人民普遍富裕，各行各業的產量都有所提高的只有分工。」

　　亞當斯密導師的情緒有點激動，他說：「如果沒有成千上萬的人的幫助和合作，即便是一個文明國家中最屬害的人，也不能取得其日用品的供給。只有分工，才能讓所有人各司其職，推動社會發展！」

　　王羽軒被亞當斯密的熱情感染了，其他學生也不由得熱血沸騰。亞當斯密手舞足蹈地說：「分工帶來了許多好處，其中最重要的就是讓人們可以彼此合作，互相交換物品和技能。這種交換和互通有無的行為是人類智慧的結晶之一，它推動了社會的進步與發展。」

王羽軒明白，分工是由交換引起的，而分工的程度，也要受交換能力大小所限制。說白了，就是交換必然受市場範圍的限制，所以亞當斯密導師又跟學生們提到了市場。

亞當斯密導師說：「如果市場規模太小，就無法滿足人們專注於一種職業的需求。在這種情況下，工人就不能用自己消費不了的工作剩餘部分，隨意換得自己所需要的別人的工作生產物的剩餘部分。」

王羽軒和其他同學聽得一頭霧水，亞當斯密導師笑著解釋道：「比如，我現在是一個玩具廠的生產工人，玩具就是我的生產物。」

他指著前排的一位同學說：「而你是一位酒廠工人，酒是你的生產物。如果市場太小，我的玩具賣不出去，我就沒有能力購買你的酒；而你雖能暢飲美酒，卻無法買到送給孩子的玩具。」（如圖 2-3 所示）

圖 2-3 社會大分工

學生們頻頻點頭，亞當斯密導師繼續說道：「反過來呢，市場越大，分工就越多，生產力也就越高。此外，分工還會受到一些其他因素的影響，比如運輸成本，或經濟學所謂的交易成本等的影響，比如水運和陸運。」

亞當斯密導師問道：「有誰知道，水運和陸運哪個成本更低？」王羽軒思考了一下，說：「是水運。」其他學生也都贊同這個答案。

亞當斯密導師點頭道：「的確，水運的成本比陸運低很多，而且載貨量更大，水運也比陸運開拓了更多的市場。大家都知道，一般來說，沿海或沿河地區的經濟會更發達。」

有個學生問道：「那麼，水運和分工又有什麼關係呢？」

亞當斯密導師笑著解釋道：

「當然有關係，這也可以解釋為何 18 世紀時，海洋文明能夠大幅度地超越大陸文明，走向現代化。分工造成了發展水運的地區經濟遠超過內陸，而沿海或沿河地區的分工更促進了當地的經濟發展，也促成了國際大分工的出現。」

「接下來，」亞當斯密導師話鋒一轉，「有誰能夠告訴我，什麼才是首要生產力呢？」

「科學技術是首要生產力！」這次，全場學生的回答整齊劃一。

「大家說得沒有錯！科學技術正是首要生產力！」亞當斯密導師十分肯定地告訴大家，「下面我們就來講解一下，為什麼說科學技術是首要生產力。」

第三節　科學技術為什麼是首要生產力？

「首要生產力是指在推動現代生產力發展中的重要因素和力量，而科學技術是首要生產力，這也是國際大分工的趨勢。」亞當斯密導師說。

導師的話讓王羽軒想到了另一段話：世界在變化，我們的思想和行動也要隨之改變。過去把自己封閉起來，自我孤立，這對社會有什麼好處呢？歷史在前進，我們卻停滯不前，這樣就落後了。

亞當斯密導師攤手道：「就像我之前說的那樣，社會分工早在原始社會末期就已經產生了。但當時的生產力水準很低，根本不可能發展到國際分工。直到經濟水準和科技水準發展到一定的階段後，國際分工才慢慢發展起來。」（如圖 2-4 所示）

經濟學家語錄：
在經濟水準和科技水準發展到一定階段後，國際分工才慢慢發展起來。

圖 2-4 國際分工

接著，亞當斯密導師詳細地為大家詳細地進行了比較。

第一次工業革命後，機器被大量應用在生產上，造成了生產力的大幅提高，分工程度也空前加深。這次工業革命首先在英、法等國進行，使這

些國家發展為工業國，而其他沒有受到科技發展影響的國家，則仍是農業國。

第二次工業革命後，諸如發電機、馬達、內燃機的發明被廣泛應用在生產中，此時的分工更加精細。這次工業革命也是率先在英、美、德等國進行的。同時，一些農業國開始下定決心發展科技，從已開發國家引進技術與機器設備。

第三次革命被稱為工業革命。它直接促成了高分子合成、原子能、電子、航空太空等新興產業的崛起。這些產業需要更高技術的專業化分工，使國際分工越來越專業化。

亞當斯密導師笑著說：

「法國為了打破美國壟斷世界航空製造業的局面，決定造一架空中巴士，機頭段、中機身下半部分和發動機懸吊架由英國負責，機翼由德國負責，飛機的其餘部分和垂直尾翼由荷蘭負責，客艙門、起落架艙門和水平尾翼由西班牙負責，最後交由中國進行組裝。這就是科技帶動國際分工最好的例子，有錢大家賺嘛！」

聽到最後這句話，在場的同學都笑了起來。王羽軒也不由得感嘆科技發展為經濟帶來的好處。

亞當斯密導師告訴大家，科學技術的發展在分工上的主要表現有三點：產品型號和規格的專業化；零件的專業化；製造工藝的專業化。

「當然，就算某個國家再專業、再發達，它也不可能生產出自己所需要的全部產品。」（如圖 2-5 所示）

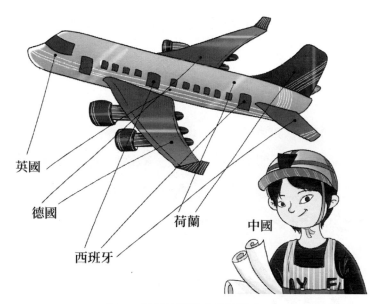

圖 2-5 科學技術帶來的國際分工

　　對於亞當斯密導師的總結，王羽軒深有感觸。當今世界，有些乘上工業革命發展「東風」的已開發國家，靠著雄厚的資本發展科技，成為科技產業國；而大部分的開發中國家，資本少，科技也不太發達，只能成為工作產業國。但只要雙方做到更細緻的國際分工，就能實現經濟共贏。等到第四次工業革命到來後，國際分工更將向前發展。

　　亞當斯密導師總結道：「這些都是科學技術發展促進分工的歷史，所以，我們可以毫不猶豫地說：科學技術當然是首要生產力。」

　　「國際分工狀況，是各個國家制定經濟政策的重要依據。」亞當斯密導師聳了聳肩，「第一次工業革命後，英國的工業力量雄厚，產品的競爭力很強，但不可否認，它也需要用工業製品的出口來換取糧食和勞動力的進口。」

　　王羽軒點點頭，這段歷史他在高中就已經學過了。當時的英國實施了

自由貿易政策，大力發展工業和國際分工。而美國和西歐一些國家的工業水準相對落後，為了保護本國的新興產業，它們都對英國提出的國際分工採取了貿易保護政策，阻礙了經濟發展，導致英國變成了當時的超級大國。

亞當斯密導師驕傲地說，「第一次工業革命後，英國成為國際分工中心。在這個時期也出現了如紡織品、船舶、鋼鐵和棉紗等新產品。」

第二次世界大戰結束後，國際分工發展至成熟階段。在這一時期，世界經濟局勢發生了很大變化，國際分工也進一步發展。

亞當斯密導師就發展科學技術所產生的巨大推動作用，從以下三個方面為大家進行了講解。

第一，科學技術的進步，將改變社會生產力和經濟發展。科學技術的發展會提高勞動力的智慧，從過去的體力工作變成腦力工作，讓勞動力的結構更加智慧化，進而推動經濟的發展。

第二，科學技術的發展將改變人們的工作模式。隨著電子技術的廣泛應用，大部分電子機器替代了勞動力的腦力工作，而且機器更為精細準確。

第三，科技的發展不僅推動了傳統產業現代化，也促進了第三產業（又稱服務業）的發展，對國民經濟貢獻越來越大。同時，科技的發展帶動了生產規模的擴大，進一步促進了國際分工的發展，提高了社會經濟發展水準。

「說到科技，我看到在場的很多同學都拿著蘋果手機。」亞當斯密導師笑著對著臺下的學生開玩笑道，「那麼，我有個問題要問大家：蘋果手機到底是不是美國的產品呢？」

第四節　蘋果手機到底是不是美國產品？

亞當斯密導師拋出的這個問題，引發了學生們的熱烈討論。王羽軒聽見有人說「蘋果是賈伯斯的產品，當然是美國產品」，但也有人說「蘋果都是在中國製造的，早就不是美國產品了」。

王羽軒覺得，雖然蘋果產品都是在中國生產的，但畢竟中國沒有人家的核心技術，應該還是美國的產品吧？還是聽聽亞當斯密導師怎麼講好了。

亞當斯密導師等全場學生討論得差不多了，大聲說道：「蘋果當然是美國的產品！」

亞當斯密導師拿出了一部 iPhone7，臺下的學生哄堂大笑起來，王羽軒很理解發笑的同學們。畢竟，一位 18 世紀的英國經濟學大師，竟然拿著現代的蘋果手機，這種詼諧的畫面可不是誰都能看到的。

亞當斯密導師說道：「整個二手的 iPhone7 市場大大壓低了價格，因為蘋果的換機潮已經到來。我看到前排的一些同學已經換上了 iPhone8 或 iPhoneX。」

「我手中的 iPhone7，最低階版本也要 25,000 元以上。最貴的 iPhone7 Plus 256G 版本，再加上一副 5,000 多元的 AirPods 耳機，就能賣到五萬多元。」

亞當斯密導師開玩笑道：「據說在蘋果換機潮期間，有很多丈夫都得到了妻子的殷勤照顧；另外，手機的摔壞率也明顯上升，甚至有不少女性的手機莫名進水、丟失等狀況也時有發生。」大家都意味深長地笑了起來。

亞當斯密導師話鋒一轉：「但是，眾所周知，蘋果手機雖然風靡世界，卻是在中國的工廠裡生產的。」

「蘋果公司最著名的生產基地，當屬中國的富士康公司。據說，鄭州富士康公司的工人數達到了 20 萬人，夜以繼日地加班生產這款 iPhone7。」亞當斯密展示了手裡的手機。

「各位都知道，蘋果公司的大部分配件也是中國生產的，除了核心的 A10 晶片之外，蘋果公司所有的零件全是由中國公司提供的，甚至股票市場，沾上蘋果供應鏈概念的股票，往往都能一飛沖天。」

富士康公司在量產 iPhone6 時，曾急招 10 萬名工人。然而，這樣大規模的製造活動在美國本土是無法實現的。因為美國的勞動力成本高，且勞動力的流動性強。在美國，想在短時間內招募 10 萬名工人幾乎是不可能的。

「美國的勞動力市場還沒有建立起正確的模式，所以它無法滿足蘋果等公司的特殊需求。」亞當斯密導師聳了聳肩，「蘋果公司自己也說過，在海外生產 iPhone 是他們唯一的選擇。」

亞當斯密導師語氣裡有一絲沉重：「在富士康工作的工人，每天需要輪班工作三個 8 小時班次，他們努力製造出無與倫比的蘋果產品，但是他們的薪水卻只有 3,000 人民幣（約新臺幣 13,210 元），甚至買不起一部二手的 iPhone，這是令人感到遺憾的。」

臺下的學生也露出了沉重的表情，亞當斯密導師接著說道：「在蘋果手機的生產鏈中，中國為該產品提供了最大的幫助，但卻分得最少的利潤。因為蘋果公司的巨額利潤幾乎全部流入了美國。」

亞當斯密導師告訴大家，蘋果之所以能獲得巨額利潤，主要有兩個原因。

第一，蘋果產品的技術門檻很高。蘋果獨特的指紋辨識和 Home 鍵，都是其他手機公司爭相模仿的技術。此外，蘋果的 iOS 系統、A10 晶片、

以及臉部辨識技術，都使蘋果手機在面對消費者時更具競爭力。擁有這樣的技術，讓人願意付出高價。

　　第二，蘋果是享譽世界的品牌。提到蘋果的產品，就意味著高品質、售後服務好和時尚藝術有品味。高級、大氣、菁英，這些詞成了蘋果的代名詞。在眾多消費者的追捧下，蘋果不可能降低價格。

　　亞當斯密導師說：「在國際分工中，蘋果擁有至高無上的話語權，中國的手機公司只能遵守這個遊戲規則。」

　　此外，美國政府還提出了製造業復興計畫，希望吸引眾多製造業回流美國。這意味著許多製造業被迫離開中國，回到美國，也就是說，美國在吃掉利潤這塊肥肉時，讓中國連湯汁都喝不到。

　　「在國際分工上，沒有技術，就沒有話語權，就不能分到更大的蛋糕，」亞當斯密導師攤手道，「這也是我為什麼說蘋果一定是美國產品的重要原因。」

　　如今，產業鏈的頂端都被美國公司掌控，中國公司因為技術方面不足，只能被人宰割。明明做蛋糕的人是自己，卻只能眼睜睜地看著做好的蛋糕一口口塞入別人嘴裡，而且對方只付了成本價！（如圖 2-6 所示）

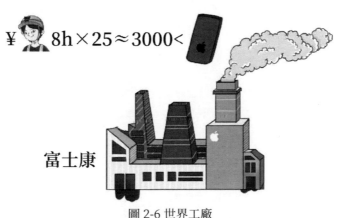

圖 2-6 世界工廠

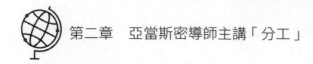

「當然，這也是國際分工的必要程序。」亞當斯密導師換了輕鬆的語氣，「我相信，在座的各位一定能為你們的國家爭添光彩，你們的國家也會越來越強大。」

亞當斯密導師的一番話，也讓在場的學生們熱血沸騰，並對亞當斯密導師報以久久不能平息的掌聲。

「今天的課程，我們就上到這裡，希望各位能從中有所收穫。」亞當斯密導師對著臺下深鞠一躬，在掌聲中緩緩走下了講臺。

第三章
李嘉圖導師主講「價值」

本章透過四個小節，講解了大衛·李嘉圖關於經濟學價值的內容。李嘉圖的價值觀念對後世的經濟學形成了啟示作用。作者在解讀李嘉圖關於價值思想的同時，也加入了風趣幽默的例子，讓讀者能在輕鬆愉悅的氛圍中提升自身的經濟能力。

大衛・李嘉圖

David Ricardo，1772.4.18-1823.9.11，古典經濟學理論的完成者，古典學派的最後一名代表，最有影響力的古典經濟學家。李嘉圖早期是位證券交易員，亞當斯密《國富論》一書激發了他對經濟學研究的興趣。

其研究領域主要包括貨幣和價格，對稅收問題也有一定的研究。李嘉圖的主要經濟學代表作是 1817 年完成的《政治經濟學及賦稅原理》，書中闡述了他的稅收理論。

李嘉圖繼承並發展了亞當斯密的自由主義經濟理論。他認為限制政府的活動範圍、減輕稅收負擔是助長經濟的最好辦法。

第一節　價值的本質是什麼？

自從聽了亞當斯密導師的課程，王羽軒就覺得日子過得特別慢。好不容易盼到了星期六的午夜，王羽軒興奮地抓起筆和筆記本，心想著今天又會是哪位導師要來呢？

禮堂中，滿座的學生也在熱烈地討論著，在討論聲中，十二點的鐘聲敲響了。

一個身穿黑色大衣，頭髮稀疏的英國人走上講臺。他的鷹鉤鼻很突出，但五官卻透著一絲笑意。他的嘴唇很薄，雙眼皮，相貌很清秀，樣子也很年輕。

王羽軒有些疑惑，這個人看起來有些眼熟，但到底是誰呢？

這位導師笑著對臺下的學生們點點頭：「上節課是亞當斯密導師上的

吧？這很巧，因為從某種意義上說，我也是亞當斯密導師的學生。」

「唉呀！您是大衛・李嘉圖！」後排有個學生興奮地大叫一聲，王羽軒這才恍然大悟。眼前這位紳士，正是大衛・李嘉圖。

大衛・李嘉圖導師在黑板上寫了兩個大字 —— 價值。然後他對臺下的學生們發問：「誰能告訴我，價值是什麼？」

王羽軒思考了一下，說：「對人們有用的商品？」大衛・李嘉圖導師笑著說：「是的，但不完全對。」其他學生也紛紛發言：「貴就是價值」、「需要的商品，就有價值」。

「大家說的都有些道理，但是都不準確。」大衛・李嘉圖導師笑著說，「下面我來為大家講解一下。」

他摘下自己的胸針，說道：「在生活裡，大家每天看到的都是價格，而不是價值。很多人問我的胸針多少錢，我說 20 英鎊，這是胸針的價格，而不是它的價值。」

剛剛說「貴就是價值」的學生不好意思地笑了。

大衛・李嘉圖導師笑著說：「大家要知道，價格不是物質，而是一種經濟現象，它表現為商品與貨幣間的關係，比如一公斤糖果 50 元，一臺桌上型電腦 20,000 元等。」（如圖 3-1 所示）

1公斤糖果 = 50元

1臺桌上型電腦 = 20,000元

價值決定價格，價格圍繞著價值上下波動

圖 3-1 價值與價格

「而隱藏在價格現象背後的那個神祕莫測的商品，就是價值，」大衛·李嘉圖導師對大家解釋道，「價值展現在商品中，它取決於生產這個商品所需要的社會必要工作時間的多寡。」

王羽軒點了點頭，原來大家平日裡接觸的都是價格，而價值則一直隱藏在價格的背後。大衛·李嘉圖導師比劃道：「就像有些人說的那樣，價格和價值既有關聯，又有著區別。」

價值是價格的基礎，價格是價值的表現形式。價值決定著價格，價格圍繞價值上下波動。

「剛才也有人說，那些人們需要的商品，對人們有用的商品就有價值，這句話對不對呢？當然也不完全正確。比如空氣，它十分重要，但卻不具備價值。誰知道為什麼嗎？」大衛·李嘉圖導師笑著問大家。

「因為它不包含工作。」王羽軒思考了一下，回答道。

「非常正確，」大衛·李嘉圖導師鼓勵地說，「這也是我接下來要講的內容。」

他在黑板上寫下一行字：工作價值理論。

工作價值理論是古典政治經濟學的重大發現，是由威廉·配第導師提出的。配第指出，商品的價值是由生產它的工作時間決定的，其價值量的大小，而這個價值的大小取決於所花費的工作時間長短。

大衛·李嘉圖導師笑著說：「舉個例子：一把大工廠製造的籐椅，和一把人工編製的籐椅，自然是人工編製的籐椅價值更高，因為在編製過程中，它所花的工作時間更長。」

第二階段是亞當斯密導師的發展階段。在這一階段，史密斯指出價值源自於生產商品所必要的工作時間，工作時間是價值的基礎和度量。

「必要工作就是支付酬勞的工作部分。」大衛·李嘉圖導師解釋道，

「第三個階段就是本人的發展階段。」

　　大衛‧李嘉圖謙虛地鞠了一躬，說道：「商品的價值取決於生產它的工作量。當工作量增加時，商品價值也會隨之增加；反之，當工作量減少時，商品價值也會減少。」

　　大衛‧李嘉圖導師指出，價值和財富在本質上是不同的。決定價值高低的不是數量的多少，而是生產財富的難易程度。

　　「但是，各位需要注意兩點。」大衛‧李嘉圖導師敲了敲黑板，說道：

　　「一是指只要投入製造該商品的工作，就能無限量增產的商品，它的價值由必要工作時間決定；二是指像繪畫、雕塑等藝術品，都屬於不能透過增加工作量而生產的商品，其價值由該商品的稀有程度決定。」

　　大衛‧李嘉圖導師告訴大家：「如果一種商品完全沒有用處，那它就不具備交換價值。因為商品的使用價值是交換價值的物質基礎。」

　　王羽軒點了點頭，大衛‧李嘉圖導師實際上區分了價值和交換價值兩個概念。他將生產商品所消耗的工作稱為絕對價值，而把某商品所具有的、能夠換取另一商品的能力稱作交換價值。

　　大衛‧李嘉圖導師說：「一種商品生產出來之後，其價值可以在不同社會成員之間分配，但分配方式不影響商品的價值。這是因為『工作時間決定價值』這一原理，不會因資本家與受僱者的交換而失效。」

　　大衛‧李嘉圖導師說：「下面，我來告訴大家影響價值的因素有哪些。」

　　「產品的價值應該由兩個因素決定：工作時間和需求。」

　　「比如一個畫家，他畫出了一幅作品，而且只花了一天時間，但其畫作產生的價值卻是他工作時間的幾倍。但要注意的是，他的作品要有需求才能賣出去，這幅畫作的價值才能實現。工作時間和需求，這兩點是缺一不可的。」

在場的學生紛紛點頭，李嘉圖導師話鋒一轉：「對了，各位，你們有沒有想過薪水與價值之間的關係？」

第二節　你的薪水與價值之間的關係

李嘉圖導師的問題一拋出，大家立刻討論起來。

「你的薪水高，就證明你對公司的價值高呀！」一位穿黑上衣的男生不假思索道。

李嘉圖導師笑著說道：「真的這麼簡單嗎？你再想想。」

黑上衣男生抓了抓頭，說道：「難道薪水高的人對公司的價值反而低嗎？」

在大家的笑聲和討論聲中，王羽軒也皺著眉頭思索著：剛才黑上衣男生說的不無道理，但卻不全面。因為薪水並不是企業決定的，而是市場決定的。所以，剛才這位男生說的薪水應該是相對薪水。

果然，李嘉圖導師笑咪咪地開口道：「在釐清薪水與價值的關係之前，我們要先來理解這樣一個概念 —— 工人的薪水，是資本家在獲得的淨利潤中，參考『市場價』來支付的。所以，這樣的薪水其實是『相對薪水』。」

「相對薪水？」大家一臉疑惑，薪水怎麼還有「相對」一說呢？

李嘉圖導師彷彿看出了大家的疑惑，他耐心地解釋道：「各位，從長期來看，商品的價格是反映生產成本的，所以，這種價格可以被稱作『自然價格』。自然價格中，有一部分是工作者所付出的勞力成本，而這個勞力成本就是工作者的薪資。」

大家點了點頭，確實是這樣。

　　李嘉圖導師繼續說道：「為了讓工作者繼續生產產品，勞力成本要保持在能讓他們維持生活的水準上。可是，隨著經濟的不斷發展，實際發給工作者的薪水會比能勉強維持生活的薪水高出一些，這種薪水能讓工作者在購買生活必需品後，還有一小部分錢用來娛樂。」

　　一位女生舉手道：「工作者的薪水變高，是因為產品的利潤也高了吧？」

　　李嘉圖導師笑著說道：「妳這句話，應該改成『因為工作者的實際薪資變高，所以產品的利潤降低了』。不錯，我曾在自己的論文《論利潤》中分析過名義薪資與實際薪資，在我看來，利潤取決於工作者薪水的高低，薪水取決於生活必需品的價格，而生活必需品的價格，又取決於食品的價格。」

　　「什麼是名義薪資，什麼是實際薪資呀？」女生歪著頭問道。

　　「名義薪資，指的是資本家支付給工作者的貨幣量，如月薪、年薪等；實際薪資，是工作者用獲得的貨幣量，所能購置的生活必需品。」李嘉圖導師笑咪咪地說道，「誰能告訴我這兩種薪資有什麼區別？」（如圖3-2所示）

經濟學家語錄：
「名義薪資」是指資本家支付給工作者的薪水金額，例如月薪、年薪等；而「實際薪資」則是指工作者用獲得的貨幣量，所能購置的生活必需品。

圖 3-2 貨幣量與生活必需品

王羽軒略加思索後，舉起手道：「名義薪資上漲，實際薪資不一定上漲。比如人口成長會讓農產品需求增加，導致農產品價格上漲，繼而導致物價上漲。這時，如果名義薪資的成長速度跟不上物價上漲的速度，就會導致工人的實際薪資下降。」

李嘉圖導師笑著拍手道：「啊，你總結得非常到位！在我生活的那個年代，英國的資產階級實力是不斷壯大的，然而，封建地主階級在各個方面的力量仍占優勢。所以，我決定將薪水和利潤的對立當作自己研究的出發點。」

一位男生用一種看偶像的目光盯著李嘉圖導師說道：「李嘉圖導師，您之前提到的『商品的交換價值，幾乎完全取決於在各個商品上所花費的工作量』，這個觀點我非常贊同！」

「是啊，」另一位女生說道，「這一點其實是所有商品交換價值的基礎，也是經濟學上一個很重要的觀點。您提到的亞當斯密導師的工作價值理論，在我之前的學習中也有涉獵。亞當斯密導師認為，商品價值是由薪水、利潤與地租決定的，而您卻批判了這一觀點。」

李嘉圖導師點點頭，謙虛地說道：「我只是提出了我自己的意見。在我看來，薪水、利潤和地租這三種收入其實是價值的分割，但無論怎樣分割，都不會改變它本身的大小，因為價值就是由工作時間決定的，也就是說，工作就是創造價值的泉源。」

李嘉圖導師點點頭：「其實，政府應該對這部分市場進行介入。因為商品價值與使用價值之間的矛盾只能透過交換來解決。如果不進行交換，那商品的價值就不能夠實現，商品的使用價值也無法進入消費，那企業也沒辦法再生產。因此，政府應該增加工作者的收入，提高居民收入在國家收入中的比重，提高薪資在初級收入分配中的比重，這樣才能真正展現商

品價值，才能帶動經濟發展。」

看同學們筆記做得差不多了，李嘉圖導師笑著拋出了另一個問題：「對了，既然說到了商品的價值，那有沒有同學知道『延宕折扣』？」

延宕折扣？大家你看著我，我看著你，彼此的眼神中都是困惑和不解。

李嘉圖導師哈哈大笑道：「別急，且聽我慢慢道來——」

第三節　未來價值與讓人克制欲望的「延宕折扣」

「在講延宕折扣之前，我先為大家講個小故事。就比如這位同學。」大衛‧李嘉圖導師指著前排一個男生，「幾個月之前，你的牙醫就建議你拔掉智齒，但因為害怕，你選擇了能拖就拖。結果，在你公司業務最繁重的時候，你的智齒忽然痛起來，嚴重影響了說話，甚至無法吞嚥口水，你的腦袋、耳朵和嗓子都無比疼痛。因為你的智齒，導致工作進度被打亂，手頭工作堆積，進而影響了整個團隊的進度。」

前排那個男生不由得縮了縮脖子。

大衛‧李嘉圖導師笑著對他點點頭：「你逃避拔牙的表現，正是大部分人都有的趨利避害、逃避困難的共性特點。而這些特點背後，就出現了延宕折扣。」

王羽軒好像聽懂了一點。

大衛‧李嘉圖導師接著說：「再比如，現在各大銀行都在推銷信用卡，因為有了信用卡，就會刺激大家提前消費。人們看到喜歡的商品就忍不住想把它買下來。信用卡為人們提供了方便，但我們家裡卻堆了越來越多『廢物』，而銀行帳戶上的錢也越來越少。」

大家都恍然大悟，但王羽軒還是有點混亂。大衛‧李嘉圖導師無奈地攤攤手，又換了一個更簡單明瞭的例子：

「各位都知道，健康的飲食習慣和適當的鍛鍊能夠預防疾病的發生，各位也知道，熬夜、抽菸、喝酒、大魚大肉雖然不好，但是是一種及時享樂的方式，能讓人立刻產生愉悅感。當大吃大喝代替了健康飲食，延宕折扣就產生了。」

王羽軒明白了，延宕折扣就是現在展現不出來，但會在未來爆發的一種現象。

就比如自己，眼看著期中考試的日期越來越近了，卻還是忍不住要打遊戲，非得拖到最後一刻，才能勉強複習完。結果學習品質不好，分數不高，還被指導老師批評了一頓。

想想看，延宕折扣不正是我們生活和工作中經常出現的問題嗎？

對我們而言，那些即時利益更具體，更讓我們快樂。比如遇到壓力時的逃避，上班偷睡懶覺的舒服，不看書去玩遊戲的愉快，吃零食滿足口腹之欲等等。未來獎賞則相對抽象，而且可能很久才會看到收益，所以大家更願意享受那些即時利益。

為什麼大家總是熱衷制定計畫，而不是執行計畫呢？

對於個人來說，制定計畫時會產生興奮感，而在具體執行的過程中，又總覺得未來太遙遠，目標太抽象。加上各種誘惑的吸引，最終影響我們的執行力。人們無法耐心地等待未來獎賞，一些不確定因素更增加了選擇的恐懼。所以在風險面前，人們更傾向於抓住眼前的獎賞。

大衛‧李嘉圖導師笑著說：「當我們不能理性地選擇未來價值，而尋求即時利益的時候，延宕折扣就發生了。」

　　他又舉了個例子：有些人一直煩惱，是要辭掉工作還是繼續待在一家表現不佳的公司。想辭掉工作的時候，大腦會想，萬一找不到好公司怎麼辦？萬一這家公司表現好了，我會不會後悔？一番思考後，索性還是繼續待著，至少每個月還有薪水可以拿。結果一年半載後，他就對當初的決定後悔了。（如圖 3-3 所示）

圖 3-3 延宕折扣

　　大衛・李嘉圖導師說：「人是理性的，但這種理性是有限的。當腦袋中『即時獎勵』和『未來獎勵』兩個觀念在搶奪主動權時，未來獎勵明顯的會被輕易放棄，這也導致了在等待未來獎勵的過程中延宕折扣的發生。」

　　這就是為什麼人們在做決策的時候，會追求即刻享受的衝動。

和抽菸、喝酒、熬夜的愉快感相比，以後的健康問題可以先放一放；和打遊戲比起來，放學後複習兩個小時的承諾就不會兌現。

我們明明知道，下班後的時間是提升能力、拉開人與人差距的最好時間。但在量變到質變的累積過程中，會讓我們漸漸選擇打遊戲所產生的即時快感。

這一點也很好地解釋了，為什麼很多商家的文字宣傳寫得華麗、美好，但消費者根本不買單。因為這些宣傳雖然聽起來很高級，但沒有貼近消費者的實際需求，還不如直接告訴消費者，在某個具體情境下使用產品或服務可以帶來哪些具體的好處，這樣會更有效果。

王羽軒對此深有體會，他們現在只願看「實用的文章」，特別是類似《做好 ×× 的 20 種技巧》、《21 天速成 ×××》。因為直接使用他人總結的方法太省事了，思考問題太麻煩，為什麼不直接看總結呢？然而，當遇到類似但不同的問題時，他們卻仍不會如何解決。

其實王羽軒他們也都明白，只有自己思考，堅持自己努力，才能獲得相應的報酬，但很多人還是無法堅持，很多人還是願意為了即時獎勵而放棄未來獎勵。

這也印證了那句話：道理你都懂，卻依舊過不好這一生。

第四章
賽伊導師主講「邊際」

本章透過四個小節，講解了讓 - 巴蒂斯特·賽伊的邊際理論。賽伊否定生產過剩的存在，提出了著名的「供給能夠創造其本身的需求」的觀點。賽伊認為商品買賣實質上是商品交換，貨幣只是短暫地產生媒介作用。產品總是用產品來購買，買者同時也就是賣者，買賣是完全統一的。因此，商品的供給會為自己創造出需求，總供給與總需求必定是相等的。局部供需不一致也會因價格機制的調節而達到均衡。對於想要掌握邊際理論的讀者，本章是不可錯過的。

讓 - 巴蒂斯特・賽伊

　　Jean-Baptiste Say，1767.1.5-1832.11.15，法國經濟學家。古典自由主義者。他是繼亞當斯密、李嘉圖古典經濟學派興起之後的又一個經濟學偉人。其主要著作有《政治經濟學入門》(1815)，《政治經濟學精義》(1817) 等。著名的賽伊定律就是由他提出的。

　　賽伊定律 (Say's Law)，或稱「賽伊法則」。意思是說，每個生產者之所以願意從事生產活動，若不是為了滿足自己對該產品的消費欲望，就是為了想將其所生產的物品換取他人的物品或服務。

第一節　為何物以稀為貴？

　　週六晚上，王羽軒不知為何有種強烈的感覺，今天來講課的一定是自己的偶像讓 - 巴蒂斯特・賽伊。他早早地趕到了禮堂，在座位上焦灼地等待著今天課程的開始。

　　好不容易熬到了十二點，王羽軒的心劇烈地跳起來，他有很強烈的預感，今天主講的導師一定是讓 - 巴蒂斯特・賽伊！當燈光匯聚在講臺上時，一位年輕英俊的導師邁著輕快的步伐走上臺來。

　　他愉快地向大家揮手致意道：「各位晚上好，我是大家今夜的講師，讓 - 巴蒂斯特・賽伊！」

　　王羽軒不由得挺直了後背，激動地看著賽伊導師。而臺下的女生們似乎比王羽軒還要激動，當然，年輕英俊的賽伊導師肯定比禿頭的密爾導師更受女學生歡迎。

「俗話說『物以稀為貴』，這揭示了一個經濟學原理，」賽伊導師開門見山地說道，「那就是供需關係決定價格！各位都知道，供不應求，商品就會漲價；供過於求，商品就會降價。只有商品的供應平穩，價格才能隨之穩定。

「目前市場上主要的工業產品都是供過於求，但農產品則是供需相對平衡。然而，由於農業生產相對較弱，大部分地區仍然依賴天氣，因此農產品的供應變化也很容易導致價格波動。」

王羽軒連連點頭，這幾年確實經歷了幾次大幅度漲價，而且漲價的幾乎都是農產品。比如豬肉價格上漲，再比如蒜價上漲，前幾年的蔬菜價格上漲也讓王羽軒記憶猶新。

賽伊導師說道：「物以稀為貴？我們先來看一個很普遍的現象，」賽伊導師說，「氧氣、水、陽光等都是至關重要的保命之物，但水卻很便宜，而氧氣和陽光更是免費的，人人都可以享受。鑽石珠寶不是人們的必需品，卻貴得要死。」

賽伊導師聳了聳肩說道：「為什麼鑽石這麼貴？就是因為鑽石數量稀少，這就是物以稀為貴！」臺下的人都笑了起來。賽伊導師接著說：「當然，單個現象還不足以解釋鑽石很貴的原因，也不足以解釋『物以稀為貴』這句話本身。我再跟各位說說第二個現象。」

「假如你一點都不喜歡我的課程，那麼，即使你免費得到我的價值1,000元的講座卡，你也不會開心，因為這對你來說沒什麼用，你甚至會嫌這張卡礙眼，認為它根本不值1,000元。

「假如你非常喜歡亞當斯密導師的講座，你花了1,000買到了他的講座卡，你會欣喜若狂，覺得這1,000花得非常值得，你會覺得它很有用。

「再假如，當你掉到枯井裡，你會覺得口袋裡那半塊麵包的價值比你

腳上的名牌運動鞋還高；當你身家過億時，你會覺得花 100 萬元買只錶很平常，但當你窮得叮噹響時，你就會覺得花 100 萬元買只錶簡直是有病。」（如圖 4-1 所示）

圖 4-1 物以稀為貴

臺下的學生們都笑了，賽伊導師實在是太幽默了。

賽伊導師接著講道：「你覺得我的講座卡沒用，亞當斯密導師的講座卡有用，這就是你對兩個講座的主觀評價。其中，亞當斯密導師的講座滿足了你的心理需求，這是主觀用途；當你掉進枯井裡時，那半塊麵包是具有實際用途的客觀物品，而你對於半塊麵包、名牌運動鞋和一百萬元的手錶的態度，則取決於你身處的不同情境下對這些物品價值的評估。」

經濟學家把可以滿足人們心理需求的商品特徵稱之為「效用」。效用，即人們對商品的主觀評價。

「最後，我們來看一個案例，這可以幫助你們理解，人們對商品的主觀感受會影響價格的形成。一位農民伯伯，他有五袋小米 A、B、C、D、E，小米的重量都是一樣的。」賽伊導師在黑板上寫了幾個選項：

A 袋：自己吃

B 袋：做米糕

C 袋：釀米酒

D 袋：餵家禽

E 袋：餵寵物鳥

賽伊導師告訴學生們，在上述五袋穀物中，農民伯伯覺得它們的重要性依次為「A ＞ B，B ＞ C，C ＞ D，D ＞ E」。

農民伯伯在心裡把 E 袋標價為 50 元，按照他眼中的效用排序，D 袋是 100 元，C 袋是 150 元，B 袋是 200 元，A 袋是 250 元。

賽伊導師笑了笑，說道：「如果要農民伯伯捨棄　袋，他肯定先捨棄餵鳥的那袋。因為這袋只值 50 元，他覺得損失 50 元不算太心疼。如果讓他繼續捨棄一袋，他會選擇 D 袋。因為和其他袋比較，他覺得丟棄 100 元最明智。以此類推。」

「好！停下來，」賽伊的導師突然拍了拍手，「現在想一想，隨著袋子的減少，是不是留下來的小米價格越來越高了？最後只剩 A 袋，農民伯伯再也不會捨棄了。」

學生們頻頻點頭，賽伊導師接著說：「我們從這個例子可以看出，商品越少，價格就越高。下面我再用這個事情舉例。」

「回到開頭，這五袋小米無論是外觀還是重量都一樣，所以可以用任意一袋來餵鳥。因此可以想像，任何一袋小米都可以標價 50 元。所以，

當你拿出最後一包時，無論你一開始想要用它做什麼，它都能標價250元。」

看著連連點頭的學生們，賽伊導師總結道：「所以各位有沒有發現，上述小米的價格，總是由它的最後一個用途來決定的。」

賽伊導師強調：「在經濟學中，一件商品的價格通常是由它最後一個效用，也就是人們的主觀評價所決定的，這個概念稱為『邊際效用』。換句話說，價格是由邊際效用所決定的，這也能夠很好地解釋為什麼『物以稀為貴』的現象會出現。」（如圖4-2所示）

大家都一臉的恍然大悟，原來這就是邊際效用！

賽伊導師滿意地看了看大家的表情，然後接著說：「邊際這個經濟名詞的應用非常廣泛，那麼接下來我為大家講解邊際在生產領域的應用。」

經濟學家語錄：
在邊際理論中，價格是由邊際效用來決定的，這便能夠解釋為什麼會出現「物以稀為貴」了。

圖 4-2 價格與邊際效用

第二節　生產、投資與安全邊際

　　賽伊導師笑著說:「沒有任何一家企業生產商品是為了賠錢,那麼怎樣才能保證不賠錢呢?簡單來說就是讓市場對於商品的需求高於商品的供給。這裡,就用到了我們的定義 —— 安全邊際。對於商品的生產者來說,只有在價值被低估時,才會有正數的安全邊際。也就是說,只有當價格低於價值時,商品生產者才有保證獲利的安全邊際。當價格與價值相等時,安全邊際為零;當價值被高估時,則不存在安全邊際,或者安全邊際為負數。」

　　事實上,價值投資者只對那些價值被嚴重低估的商品感興趣。因為這樣,安全邊際雖然不能保證避免虧損,但能保證獲利的機會比別的商品更多。

　　「安全邊際,又可以稱為安全幅度。它最初是指一個商品在盈虧臨界點以上的銷售量,也就是現有銷售量超過盈虧臨界點銷售量的差額。」賽伊導師一邊比劃,一邊說,「它代表著從現有銷售量,或預計可達到的銷售量到盈虧臨界點還有多大的差距。」(如圖 4-3 所示)

經濟學家語錄:
安全邊際是指一個商品在盈虧臨界點以上的銷售量,也就是現有銷售量超過盈虧臨界點銷售量的差額。

圖 4-3 安全邊際

此差距能夠說明現有或預計可達到的銷售量,再降低多少企業才會產生損失。差距越大,企業發生虧損的可能性越小,企業的營運也就越安全。

賽伊導師邊說邊在黑板上寫。安全邊際可以用絕對數和相對數兩種形式來表現。其計算公式為:

安全邊際=現有銷售量-盈虧臨界點銷售量
安全邊際率=安全邊際/現有銷售量

因為只有盈虧臨界點以上的銷售額,即安全邊際部分,才能為企業的經營提供利潤,所以銷售利潤又可按下列公式計算:

營業毛利=安全邊際銷售量 × 單位產品貢獻毛利
=安全邊際銷售額 × 產品貢獻毛利率
營業毛利率=安全邊際率 × 貢獻毛利率

賽伊導師繼續說道:「此外,以盈虧臨界點為基礎,還可得到另一個輔助性指標,即達到盈虧臨界點的營運比率。」然後在黑板上寫下了計算公式:

達到盈虧臨界點的營運比率=盈虧臨界點的銷售量/正常運作的生產量

大家聽得有些暈頭轉向,王羽軒也感到一時難以消化。

賽伊導師笑著說:「其實這很好理解。安全邊際量的數值越大,企業發生虧損的可能性就越小,企業也就越安全;同樣,安全邊際率數值越大,企業發生虧損的可能性就越小,說明企業的業務經營也就越安全。」

賽伊導師舉了個例子:

假如某零件廠盈虧臨界點的銷售量為 5,000 件,單位售價為 20 元,

預計銷售量可以達到 6,000 件，則該企業的安全邊際 = 6,000 - 5,000 = 1,000 （件）或 = 6,000×20 - 5,000×20 = 20,000 （元）。

安全邊際率 = 1,000÷6,000 = 16.67% 或 = 20,000÷120,000 = 16.67%。

「大家都知道『華爾街教父』吧？」賽伊導師笑著問大家，「就是那位著名的證券分析家。」

「知道！班傑明‧葛拉漢！」有學生回應道。

「沒錯。」賽伊導師肯定了那位同學的答案，講道：「班傑明‧葛拉漢認為，在投資中，安全邊際指的是股票價值被低估，其股價遠遠低於股票的實際價值。在實際股價和股票實際價值之間的差距，就是安全邊際。安全邊際的另一個名稱是『價值緩衝區』。」

賽伊導師解釋道：「比如某支股票的價值是 10 元，但目前的市場價格只有 6 元，那麼，該股票的安全邊際就是 4 元。它的安全邊際越大，這只股票就越被低估，也就說明這支股票就越值錢！」

「當股票價格遠低於股票價值時，由於該股票的價值被發現，市場投資者會選擇瘋狂買進，從而抬高這支股票的股價。當股價恢復到價值以上時，冥冥中又有一個『保護墊』，使該股價格不會跌破到 10 元以下。」

賽伊導師笑著說：「所以，當初在班傑明‧葛拉漢的自選股裡面，出現了大量的鐵路股、石油股、航空股，一直持續到 1980 年代。在此之前，價值投資與安全邊際被班傑明‧葛拉漢的門徒們奉為聖經，其中也不之一些成功者，比如巴菲特。」

在美國金融危機的背景之下，價值投資重新被華爾街所重視。巴菲特作為班傑明‧葛拉漢的門徒，最初便遵從導師的教誨，以那些股價便宜但被低估價值的股票作為選股標準。

後來，巴菲特逐漸轉變為成長型的價值投資者。「我寧可用合理的價格買進優秀公司的股票，也不願意用便宜的價格買進平庸公司的低價股。」這大概就是 1970 年代之後，巴菲特先生的投資策略。

嚴格依照這樣的投資理念，巴菲特先後買進了可口可樂、沃爾瑪、國際商業機器公司、吉列、美國運通、寶潔、富國銀行、埃克森美孚、美國線上等公司的股票。正是這些價值股，成就了股神巴菲特。

賽伊導師對學生們說：「巴菲特對於安全邊際的理解是這樣的：一支股票當前價值 10 元，但能在未來 3 年升到 20 元，目前股票價格為 12 元，這樣的股票是成長股，買進。」

其中的安全邊際是指未來股票價值和當前股價的差值。也就是說，這支成長型股票的安全邊際為 8 塊，很值得買入。對於這些優秀的成長股，巴菲特願意花相對較高的價格買入，以待升值。

有人曾問過巴菲特：「你願意持有股票多久？」

巴菲特回答道：「我希望是永遠。」

王羽軒早就聽說過，巴菲特的持股耐力十分驚人，他甚至敢於持股三四十年也不售出。對於像可口可樂這樣安全邊際極大的股票，再加上數十年的持股，巴菲特還能不賺嗎？能不成為一代股神嗎？

大家都倒吸了一口涼氣，原來安全邊際如此有效，難怪這麼多人都想要了解一點經濟學！

第三節　邊際與一般均衡理論

賽伊導師說：「各位已經知道，如果供過於求，就會讓賣家吃虧；如果供不應求，就會讓買家吃虧。總之，總有一方會吃虧。」大家都笑了。

賽伊導師調皮地眨了眨眼睛：「所以，最好的情況就是讓市場保持均衡。讓供需平等，這樣買賣雙方才能保持相對平等的狀態。」

賽伊導師笑著說：「所以，一般均衡理論的實質是指經濟體能夠處於穩定的均衡狀態。在資本主義經濟中，購買商品的人能夠獲得最大的滿足感，而出售商品的人能夠獲得最大的利潤，而生產要素的所有者能夠得到最大的報酬。」

「然而，」賽伊導師聳了聳肩膀，「從一般均衡理論中，我們不難得出『市場效率損失』理論。政府介入經濟活動的主要理論基礎就是一般均衡理論，還有從它衍生出的『市場失靈』理論。」

賽伊導師講解道：「我先來跟大家講解完全競爭，也被稱為純粹競爭，是一種沒有任何限制、沒有任何干擾的市場結構。通常用來指那些對價格沒有足夠影響力的企業或市場。」

賽伊導師接著說：「而完全競爭模型就是一個理想經濟模型，如果經濟運行偏離了這些假設，就會出現各種『市場失靈』。比如產生不出好產品、不理性、經濟混亂等。這時候，政府介入就成為理所當然的選擇。」

賽伊導師強調：「一般均衡理論的主要作用在於提供一個理論基礎，以便政府能夠對經濟活動進行干預和調節，以緩解市場失靈的現象。儘管它並不能完全解釋市場運作的真實情況。」

學生們開始有點感到迷糊了，賽伊導師想了想，說道：「我還是用一個例子，為各位解釋一般均衡理論的妙用吧！」

「假如一個經濟社會已經處於均衡狀態。現在任何變量都會引起連鎖反應，比如汽車的需求增加，就會在市場上引發一系列盤根錯節的連鎖反應。

「首先，如果汽車的需求量增加，就會導致與汽車有正相關性的勞動力、鋼材、橡膠、汽油等需求量的增加。而那些與汽車存在著替代關係的公車、捷運、腳踏車、電動車等代步工具的需求量就會減少。而這些物品的需求量增減，又會引發與其相關的商品的需求量增減。（如圖 4-4 所示）

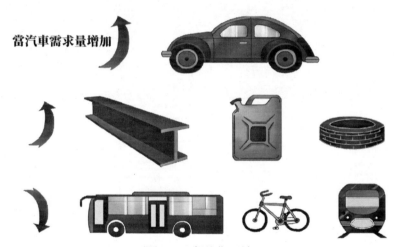

圖 4-4 一般均衡理論

「比如，汽車產業對勞動力的需求增加，將會導致相關廠商吸引勞動力到汽車工廠和銷售店面工作。因此，這些廠商的成本也會因為增加了薪資支出而上升，進而影響到廠商的利潤。當廠商的利潤下降時，就可能會降低產量或者退出產業，導致市場供應量減少。

「再來看汽油問題。如果中東國家減少了原油生產，就會導致國際原油市場價格上漲，其均衡數量就會減少，均衡價格就會提高。煤炭和原油具有替代關係，原油價格提高會對煤炭的價格造成影響：消費者會增加對煤炭的需求，導致煤炭市場的需求量增加，煤炭的均衡價格也會跟著提

高，均衡數量也會增加。與此同時，煤炭價格的提高又會對原油市場價格造成影響，形成一個循環。

「而原油是汽油生產的必需要素，原油價格提高，就等於汽油的成本增加，汽油廠商會遵循利潤最大化的目標，減少自己的產量，導致供給量減少，均衡數量也減少，均衡價格提高。

「同時，汽車和汽油又必須同時消費，所以兩者具有互補關係。汽油價格提高，勢必引起汽車消費量的下降。隨著汽油價格的提升，消費者會減少對汽車的消費欲望。因此，汽車的需求量下降，均衡價格下降，均衡數量也減少。

「這四個市場相互作用、相互影響，最後回到了均衡狀態。」

「當然，這只是簡單分析。」賽伊導師聳了聳肩，說道，「汽車銷售量的變化會對許多相關市場造成影響，例如鋼鐵、橡膠、玻璃等原材料市場，而鋼鐵市場的變化又會影響到鋁市場等其他市場，這些市場變化又會對生產要素市場產生影響，進而對整個經濟市場產生影響。」

王羽軒點了點頭，從以上分析不難看出，汽油價格的升降會影響消費者對汽車的需求量。反之，如果汽油價格下調，汽車的需求量也會增加。

賽伊導師說道：「一些壟斷型企業之所以能取得巨額利潤，很大一方面原因是它能夠隨心所欲地壟斷價格。但這樣做的結果是：一方面會讓產量減少，造成社會福利損失；另一方面，這種情況可能會導致買方獲得的利益轉移給了賣方，最終導致壟斷者獲得更高的利潤。」

「要知道，汽油是由各國擁有壟斷權力的企業提供的。」賽伊導師強調道，「如果沒有政府干預，廠商必然會讓其價格飆升，追求利潤最大化，然後再根據『邊際收益等於邊際成本』來決定產品價格和數量，造成高價壟斷。一方面減少產量，另一方面攫取巨額利潤。因此，政府勢必對壟斷定價進行干預。」

學生們都點了點頭，賽伊導師笑著說：「假設化石能源具有天然壟斷特徵，如果政府採取平均成本定價法，勢必導致廠商的經濟利潤為零，甚至讓那些壟斷企業出現虧損。此時，政府就會拿出一部分錢補貼給廠商，讓其繼續經營。」

「以上就是一般均衡理論在經濟學中的偉大實用性，」賽伊導師笑著說，「這些都是幾代經濟學家共同努力得出的成果啊！」

聽了導師的講解，學生們也紛紛感嘆，經濟學竟然如此玄妙。

賽伊導師突然冒出一個問題，笑著問學生們：「對了，各位更喜歡吃麵包還是饅頭？」

第四節　影響滿足感的邊際效用

賽伊導師的話音剛落，大家立刻七嘴八舌起來。

「當然愛吃饅頭啦！」「誰說的，我就愛吃麵包！」

聽著大家的爭論，王羽軒有些納悶地想：都是麵食，吃什麼有區別嗎？

終於，大家的爭論聲漸漸結束了，選擇麵包的人占了大多數。

只見賽伊導師笑咪咪地說道：「哈哈，跟大家一樣，我有個朋友也很喜歡吃麵包，下面我要給大家分享的就是他和麵包的故事。」

賽伊導師喝了口咖啡，慢條斯理地說：「他是個胃口很大的人，每餐都要吃 8 塊麵包才能飽。可是，他收入微薄，根本買不起這麼多麵包。一次，我們一起去湖邊散步，到了午餐時間，他從籃子裡取出麵包開始吃。1 塊麵包，2 塊麵包……等他吃到第 8 塊時，他突然哭了起來。」

講到這裡，賽伊導師故意不往下說了。果然，同學們的好奇心都被吊了起來：「他為什麼哭了？」

賽伊導師忍不住笑了:「他對我說:『唉,我親愛的朋友,我真是太蠢了,我為什麼不直接吃第 8 塊呢?這樣就能省下前面的 7 塊了呀!』」

「啊?這……」大家面面相覷,一時間不知該說什麼好,看來不懂得邊際效用真的很容易鬧笑話啊!

賽伊導師笑意盈盈地說道:「其實,邊際效用在生活中是很常見的。就像我這位朋友,他吃飽後,腦子裡就會產生一些稀奇古怪的想法,但在他剛拿起第一塊麵包時,我保證他一定沒有這些怪念頭,因為他只會想著『噢,我太餓了,我要馬上把麵包吃掉』。」

大家都笑了,賽伊導師趁機說道:「邊際效用,有時也稱為邊際貢獻,是指消費者在每增加一個單位消費品的時候,其所獲得的額外效益逐漸減少的現象。用專業術語來說,邊際效用是指其他投入不變時,連續增加某一種投入,新增的收益反而會逐漸減少。通俗點來講,當我們嚮往某事物時,會投入很多情緒,第一次接觸到該事物時,你的情感體驗最為強烈。再次接觸時,你的情緒會淡一些,第三次會更淡……以此類推,我們接觸該事物的次數越多,我們的情緒就越平淡,然後慢慢趨於乏味。」(如圖 4-5 所示)

經濟學家語錄:
在其他投入不變的情況下,如果持續增加某種投入,那麼新增的投入所獲得的收益反而會逐漸減少。

圖 4-5 邊際報酬遞減率

王羽軒點了點頭，他之前上的經濟學課中提到過一個詞，叫「邊際報酬遞減率」，其實就是賽伊導師現在正在講解的內容。

賽伊導師轉身在黑板上寫下一個公式：

$$MU = \mathrm{d}TU/\mathrm{d}Q$$

「其中，邊際效用 MU 代表每消費一單位商品所產生的額外效用，Q 為一種商品的消費數量，TU 為總效用。由公式可以看出當邊際效用為正時，總效用會增加；當邊際效用為零時，總效用達到最大值；當邊際效用為負時，總效用會減少。」賽伊導師講解道，「邊際效用在經濟學上有廣泛的應用，例如需求法則就是以此為基礎推導出來的：隨著消費量的增加，消費者願意支付的價格會降低。當然，也有一些例外的情況存在——」

「就像小時候的集卡遊戲一樣嗎？」王羽軒說道。

「沒錯！」賽伊導師笑咪咪地說道，「比如有某種收集嗜好或其他行為嗜好的人：嗜酒如命的人，越喝越高興；集郵愛好者最後收集到的那張郵票其邊際效用才是最大的。」

不過，顯然在場的大部分學生都沒有王羽軒那麼聰明，因為他們臉上還「寫著」大大的三個字——「沒聽懂」。

賽伊導師看著依舊有些迷茫的學生們，笑著說道：「我再給各位舉個例子，各位就更容易理解了。當你非常餓的時候，你開始吃饅頭——

第一個饅頭下肚，你會感到非常愉快和滿足，減輕了一部分飢餓感。因為此時你的飢餓程度最大，所以第一個饅頭的效果最好，這種非常滿足的感覺就是你的邊際效益。

然後你開始吃第二個，仍然感覺不錯，但由於你已經吃了一個饅頭，

所以你的滿足感會降低，也就是說，你的邊際效用開始降低。

　　你吃到第四個饅頭時，你的飢餓感已經消失，你也覺得饅頭沒有那麼好吃了。雖然好處（消除飢餓感）在增加，但是邊際效用（滿足感）在下降。

　　這時候，如果你繼續吃第五個饅頭，你的好處（總量）沒有了，而且覺得胃脹噁心。這時候，你吃的還是同一鍋饅頭，但滿足感已經沒有了。因此，你的邊際效益是在減少的，這就是所謂的『邊際報酬遞減』。」（如圖 4-6 所示）

第一個饅頭　　第二個饅頭　　……　　第四個饅頭　　第五個饅頭

噁心　　腹脹

圖 4-6 被影響的滿足感

　　「也就是說，第一個饅頭的邊際效用最高，因為你的滿足感最強；然後邊際效用逐漸減少，因為你的滿足感在減少，一直減到零，甚至減到負數。」賽伊導師總結道。

王羽軒點點頭，心裡暗暗想道：就是這樣，離邊際越近，就越會產生不好的感覺。當物質消費達到一定的程度後，人們就會對該消費產生一種牴觸甚至厭倦的心理。

這時，賽伊導師一臉愉快地說道：「同學們，誰能再舉幾個關於『邊際報酬遞減率』的例子？」

王羽軒回憶了一下，把手舉了起來：「前兩天，我的室友浩然買了一大盒冰棒，是我最喜歡的草莓口味，裡面有 24 支。一開始，浩然給了我一支，我十分高興，接過來馬上就吃了，冰棒果然很好吃！沒過 1 分鐘，浩然又遞給我第 2 支，然後笑嘻嘻地對我說，『小羽，我們宿舍沒有冰箱，你得幫我全吃了』。於是，我一連吃了 6 支，最後實在吃不下了。對我來說，連吃 6 支冰棒不但沒讓我滿足，吃到最後反而覺得噁心了……」

賽伊導師不由得拍手大笑：「真是個好例子！你對草莓冰棒產生抗拒的原因主要有兩個：第一，你已經吃飽了，在生理上不需要冰棒了。第二，你已經吃膩了，受夠了。你甚至想對室友嚷一句：『哪怕給我換一支香草口味的也好啊！』」

王羽軒也笑了。賽伊導師接著說道：「有句老話叫『計畫趕不上變化』。就拿做專案來說，原本 2 週能完成的專案，經理給了你 3 週時間。那麼，我建議你在剛接到專案的時候就努力去完成，盡量不要拖到最後再做。因為未來可變要素是相對較多的，當可變要素過多時，邊際產量就必然遞減。」

大家都點了點頭，其實「邊際報酬遞減」就是一個無處不在的規律：

你想考過托福，於是找了單字書，從 A 字母系列背起。背了兩天覺得不錯，一下子就背完了，然後開始背 B 字母系列。你突然發現，B 字母系

列的單字有很多，背了很久都還沒到 C 系列，於是你越背越厭煩，越來越牴觸背單字，最後放棄了背單字。

可見，投入和產出是相同的概念。因為你投入了，所以你就要求有產出，所以邊際報酬遞減的規律仍然適用。

這時，賽伊導師對著大家友好地笑了笑，說道：「幫各位上課真的很愉快，但是美好的時光總是格外短暫。我的關於邊際的經濟學課程就到此結束了，希望大家能從我的課程中學到一二。」

很多女學生都發出了戀戀不捨的嘆息，王羽軒也覺得，跟自己偶像在一起的時間實在太短暫了。

「對了，」賽伊導師笑著說道，「下節課大家可以期待一下！因為下節課的內容很重要，而且導師水準很高哦！」

在大家熱烈的掌聲和好奇的詢問聲中，賽伊導師微笑著消失在講臺上。

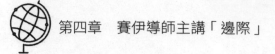

第五章
馬爾薩斯導師主講「人口」

本章透過四個小節，講解托馬斯・羅伯特・馬爾薩斯的人口經濟學理論。馬爾薩斯的理論曾對大衛・李嘉圖產生過影響。為了幫助讀者更好地理解馬爾薩斯的人口經濟學，作者將馬爾薩斯的觀點熟練掌握後，又以幽默詼諧的文字呈現給讀者。對人口經濟有興趣的讀者，本章是不可錯過的部分。

托馬斯・羅伯特・馬爾薩斯

Thomas Robert Malthus，1766. 2.13-1834.12.23，人口學家、經濟學家。以其人口理論聞名於世。他在《人口論》(1798)中指出：人口按等比級數成長，而生活資源只能按等差級數成長，因此不可避免地會導致饑荒、戰爭和疾病的發生。他呼籲採取果斷措施，以遏制人口的出生率。

達爾文終生都是馬爾薩斯的崇拜者，稱他為「偉大的哲學家」。華萊士稱馬爾薩斯的著作是「我所閱讀過的最重要的書」，並把他和達爾文透過學習馬爾薩斯理論，各自獨立地發展出的演化論稱作「最有趣的巧合」。

第一節　人口與經濟的關係

又到了星期六，王羽軒習慣性地調好了鬧鐘。整整一天，他都處在一種心不在焉的狀態。他控制不住自己的思緒，一直在想，今天又是哪位導師來講課呢？講的又是什麼內容呢？

這樣的想法簡直要把王羽軒折磨瘋了。好不容易熬到了晚上十一點半，王羽軒一個箭步衝出宿舍，直奔禮堂而去。

在學生們的討論聲中，一位白髮老者緩緩走上講臺。他穿著一身牧師的黑服，手中抱著一本聖經。老人的額頭很高，五官堅毅，但嘴唇稍微有些缺陷，整個人透著一股嚴肅感，讓人不由自主地心生敬畏。

這不是英國傳教士嗎？怎麼上講臺了呢？王羽軒正胡思亂想著，老者用滄桑卻富有智慧的嗓音開了口：「各位晚安，我是今天的講師，托馬斯・

羅伯特‧馬爾薩斯。」

「哦！您就是達爾文和華萊士的偶像，馬爾薩斯先生！」前排的一位
男同學激動地站了起來。馬爾薩斯導師對他報以了嚴謹卻友好的微笑：
「是的，我就是馬爾薩斯。我們今天要學習的課程內容，正是我畢生研究
的心血 —— 人口經濟學。」

馬爾薩斯導師開門見山道：「各位都知道，人既是生產者又是消費
者。所以，人口的數量變化、人口的素養變化以及人口的遷移等，都會對
社會經濟產生影響。」

臺下的學生們點點頭表示認同。

馬爾薩斯導師繼續說道：「在人口與經濟發展的相互關係上，從根本
上來講，人口數量與成長速度最終要受到生產力水準和經濟發展的制約。
只要生產能夠滿足新增人口的需求即可，假如經濟發展速度比人口成長速
度快，就能讓人們的消費水準提高。」

「然而，」馬爾薩斯導師攤手道，「發展經濟就需要增加相應的生產資
源，但生產資源不是無窮無盡的，因而當人口成長到一定程度之後，人口
反而會成為經濟成長的負擔。」

「例如在農業社會，農業科技革新的途徑之一就是農業機械化，而機
械的應用必將減少大量從事農業的勞動力。」馬爾薩斯導師補充道。

王羽軒點點頭，如果人口急遽膨脹，為了保證所有從事農業的人都有
一份收入，政府就不得不把那些本可以騰出來的勞動力再勉強塞回農業生
產中，繼而阻礙了農業的機械化進程。

馬爾薩斯導師說：「在傳統的農業社會中，人口和經濟是相互依存、相
互制約、相互滲透、相互作用的。由於內在原因和外在條件的影響，人口和
社會經濟都在不斷運動和變化，這種變化是在彼此之間的互動中實現的。」

馬爾薩斯導師在黑板上將這幾個因素展示給同學們。

　　首先，經濟發展決定了人口的生產和再生產條件，直接或間接地影響了人口的出生和死亡，制約著人口數量的發展變化。

　　其次，經濟發展還是人口遷移變動的決定性因素。工業、農業、商業、交通運輸業的發展狀況，對人口的密度和分布、人口遷移的流向和流量都有著制約作用。

　　最後，人口的社會構成也取決於經濟的發展。階級、職業、文化教育等，既受經濟發展的影響，又受經濟制度的制約，並隨著經濟條件的變化而變化。

　　馬爾薩斯導師微笑道：「簡單來說，經濟離不開人口，人口是經濟活動的主體，如果沒有人口，就不可能有任何經濟的活動與發展，也不會有社會，更不會出現經濟制度。」（如圖 5-1 所示）

圖 5-1 人口與經濟

　　馬爾薩斯導師繼續講道：「人口數量對經濟發展有著重要影響，人口數量需要按照經濟發展增多或減少。如果人口過多，就會導致資源緊缺，從而因為資源搶奪而導致各種災難的出現；如果人口過少，則缺乏勞動力，將延緩經濟的發展：只有人口數量符合經濟發展的需求，才能促進經濟的發展。」

「與此同時，人口素養的提高也對經濟有著至關重要的影響。人口素養的提高能促進科學技術的發展，能促進管理水準的提高，有利於經濟的發展。此外，人口分布的合理性，也有利於開發自然資源，保持生態平衡，促進經濟發展。」

王羽軒對馬爾薩斯導師的話深表贊同。如果人口過多，必然帶來環境問題和就業問題，這些問題不但對經濟大有影響，還會導致國家環境出現危機。

人口增減的變化必須符合經濟發展的需求，也就是說，經濟發展狀況會影響人口的變動情況，因此人口變動必須與經濟發展相適應。

馬爾薩斯導師告訴臺下的學生們，人類從古至今一直遵循著兩個公理：

一是食物是人類生存的必需品，二是男女間的情慾是天生的，而且會一直保持下去。因此，人口的增殖力總是會比土地提供人類生活資源的能力要大得多。

馬爾薩斯導師強調：「人類社會的發展始終受到經濟條件的制約。在控制人口問題上，我提出過兩個抑制理論：積極抑制和道德抑制。」

王羽軒和其他學生紛紛點頭。是的，人口與經濟發展之間的關係，並不是簡單的正負關係，人口對經濟具有多方面的影響。（如圖 5-2 所示）

經濟學家語錄：
人口與經濟發展之間的關係並不只是簡單的正負關係，人口對經濟具有多方面的影響。

圖 5-2 人口與經濟的關係

一方面，人口為經濟發展提供勞動力，勞動力帶給經濟發展推動力；另一方面，人口數量過多則為經濟帶來阻礙，人口成長影響資本累積，對資源和技術發展產生壓力等。

「剛才我們已經講到了人口與經濟學的關係，」馬爾薩斯導師微笑著說，「下面，我們來詳細講解一下這部分。」

說完，馬爾薩斯導師在黑板上寫下一行字：人口大爆炸。

「我們應該客觀地看待人口問題，發揮人口的最大效用。」馬爾薩斯導師頓了頓，提問道，「那麼，誰能告訴我，人口到底是負擔還是財富呢？」

第二節　「無解」的人口大爆炸

馬爾薩斯導師說道：「對大多數夫婦來說，生孩子是一件值得慶賀的喜事。我是一個牧師，我也喜歡看到新生命降臨到這個世界。」

「但是，」馬爾薩斯導師話鋒一轉，「很多國家政府及聯合國人口專家們，對新生兒的到來卻憂心忡忡，因為這個世界正面臨著人口大爆炸的危機！大家知道嗎？人口爆炸除了對世界經濟和生態構成嚴重威脅外，對每個人都影響巨大。」

馬爾薩斯導師說著說著，突然有點不好意思起來，這讓大家感到有些好奇。

「我認為，對人口成長與經濟發展關係的討論，最有影響力的文獻當屬我在 1798 年發表的《人口論》。」

大家紛紛點頭表示贊同。王羽軒從心底認同這一點，因為對於人口和經濟關係的分析，確實無人能出馬爾薩斯其右。

馬爾薩斯導師說道：「我的先入為主的假設是，在沒有其他因素制約的情況下，糧食生產只會以等差級數成長，而人口將以等比級數成長，這樣的假設將導致過多的人口無法獲得足夠的糧食供應。」（如圖5-3所示）

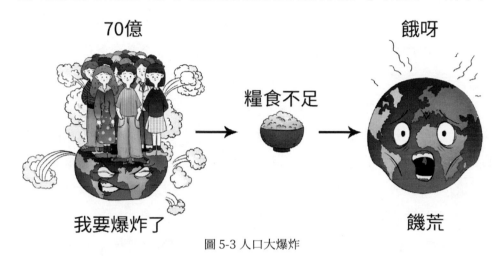

70億　　糧食不足　　餓呀

我要爆炸了　　　　　饑荒

圖 5-3 人口大爆炸

過剩的人口只能透過飢餓、瘟疫、戰爭等消極手段，或禁慾、節育等積極手段來消除。馬爾薩斯導師用其《人口論》的觀點，對同學們解釋道：

「人口成長必然受食物或土地等自然資源的約束，當人口大爆炸而導致兩者失衡時，只能透過消除過剩人口的辦法實現平衡。我們經常能夠看到國家、地區因搶奪資源爆發戰爭，其本質就是社會對於人口過剩進行的調節。而如果人類自己不採取積極手段，大自然就會採用消極手段。人類歷史上頻繁出現的饑荒、瘟疫就是大自然對人口的消極控制。」

馬爾薩斯導師說道：「與此同時，人口問題也嚴重影響著一個社會整體的經濟水準。當經濟發展時，人均消費水準往往會增加，但若人口過度成長，消費水準可能會回到最低水準，進而落入所謂的『人口陷阱』或『貧困陷阱』。」

　　馬爾薩斯導師在黑板上寫著：人口學家指出，如果世界人口依舊按照現在的速度成長，到 2050 年全球人口將會暴漲到 89 億，這種漲幅實在很驚人。

　　王羽軒點點頭，他曾經看到過這樣一則報導：「從 20 世紀初到現在，全球總人口增加了兩倍。但事實上，光從 1960 年代至今，全球人口就增加了一倍，這顯示了人口成長的速度越來越快。」

　　馬爾薩斯導師指出：「世界人口大爆炸，必將引發一連串問題。糧食不足就是最主要的煩惱之一，之後還有疫病、環境、氣候等問題。但從糧食角度講，全世界的專家至今仍想不出一套確實可行的方法，能夠解決世界上的糧食危機。這一方面是糧食的產量問題，另一方面是區域發展不平衡所導致的結構性問題。」

　　「例如，歐美地區科技發達，並不存在糧食短缺問題，但非洲一些落後地區卻長期存在此類問題，而人類現行的國際體系還沒有辦法將歐洲過剩的糧食按人數來救濟給非洲的窮人，這就是結構性問題。」馬爾薩斯導師補充道。

　　王羽軒不由得心驚，可以預見的是：在資源有限的情況下，人與人之間，國與國之間，或者地區和地區之間因為爭奪資源而引發的矛盾也會急速增加。恐怕用不了幾十年，世界上的戰爭就會比現在更加頻繁，人類將透過戰爭解決人口爆炸的危機。

　　馬爾薩斯導師語氣嚴肅地說：「經濟因素對人口自然成長的作用主要表現在：它決定了人口的增殖條件和生存條件，可以透過改變人口的出生率和死亡率來影響人口的自然成長率。一般情況下，當人口數量無法滿足經濟發展需求時，人口自身的再生產就會被刺激；而當人口數量超過了經濟發展能提供的消費總數後，人口自身的再生產就會受到抑制。」

馬爾薩斯導師告訴學生們：「一般情況下，已開發國家或發展較快的開發中國家，對人口具有一種吸引和凝聚力，人口自然成長為正值；相反的，那些經濟落後或發展緩慢的國家，對人口會產生一種排斥力和離散力，人口的自然成長會出現負值。然而我們看到，進入現代社會之後，由於社會文化和風俗習慣的原因，一些經濟發達地區開始出現人口負成長，但那些經濟落後地區卻出現了人口大爆炸。」

馬爾薩斯導師無奈地說：「19 世紀前，城市人口才只占世界總人口的 3%，當時，整個世界人數超過 800 萬的城市只有兩個，而如今城市人口暴漲，千萬人口的超級城市遍地皆是。」

馬爾薩斯導師接著說：「人口學家統計，在一些較為穩定的開發中國家裡，由於大量人口從農村遷移到城市，最終導致該國家的城市人口每天增加 35 萬人，而國家總人口卻每天僅增加 17 萬人，城市人口成長速度是國家總人口成長速度兩倍。而根據 20 世紀的數據，世界人口是每 40 年翻倍的，城市人口則是以每 20 年翻倍，而開發中國家的城市人口則是每 15 年翻倍。」（如圖 5-4 所示）

經濟學家語錄：
在沒有控制的情況下，全球人口每40年翻倍，城市人口每20年翻倍，而開發中國家的城市人口每15年翻倍。

圖 5-4 世界人口

　　王羽軒可以預想到，將來世界上可能會出現人口過億的城市。而且城市人口居高不下，從現在看是一種發達，從長遠看，則是一種掩飾在繁榮下的悲劇。

　　馬爾薩斯導師繼續說道：「美國的紐約區，只用了 5 年時間，就把城市規模擴大了 60%，從中央廣場到市郊的直線距離就有 160 多公里；而英國的倫敦區，從南到北的直線距離也已經擴大到 320 公里之多。」

　　城市對土地如此瘋狂地蠶食，必將給人類生存帶來致命的災難。

　　馬爾薩斯導師的一番分析，讓在場的學生都陷入沉默。這些觸目驚心的數據敲打著學生們的心，王羽軒甚至已經在腦海裡勾勒了一幅人口爆炸的景象。

　　似乎是為了緩解沉重的氣氛，馬爾薩斯導師換了一種稍微輕鬆的語氣說道：

　　「當然，只要我們應對得當，人口大爆炸的現象是可以控制的，因為正如我所說，一些發達地區已經解決了人口大爆炸問題，甚至進入人口負成長階段。那麼現在，誰能告訴我人口出現負成長的原因又是什麼呢？」

第三節　人口為什麼會負成長？

　　馬爾薩斯導師的問題一拋出，學生們就開始了積極的討論。王羽軒聽見有人說：「是因為自己都活不下去了，不想生孩子了。」

　　這位同學的話引起了一陣哄笑，馬爾薩斯導師也跟著笑了起來。

　　王羽軒想到，如果人口數不漲反降，就像馬爾薩斯導師講的那樣──勞動力不足，服務性和生產性的工作將面臨停滯，勞動力成本也會增加……

按照生物的本性，只要條件允許，牠們就會無限繁殖後代，不斷擴張生存空間。但人類發展到現階段，反而是已開發國家的人口在銳減，而開發中國家人口卻不斷增加，這是為什麼呢？

文明發展到某個階段後，就不以繁殖後代和擴張生存空間為首要任務了？如果是這樣，那是不是意味人類文明已經達到巔峰，轉而走向衰亡了呢？

馬爾薩斯導師似乎看出了王羽軒的疑惑，笑道：「其實並非如各位所想像的那般，我們可以看到，越是發達的地區，其人口越有可能呈現負成長。大都市裡的人一般都選擇晚婚晚育，甚至不要孩子；而農村人則會生很多孩子。這其實都是有原因的。」

馬爾薩斯導師拿歐洲作例子，從多個方面解釋了歐洲人口負成長的原因。

第一是經濟原因。歐洲國家經濟發達，特別是西歐，已經達到了非常發達的程度。歐洲社會福利制度完善，所以不需要「養兒防老」。相反的，養育孩子成本太高，又很耗費精力，所以生育與否全憑自己的喜好。（如圖 5-5 所示）

由於歐洲經濟發達，機械生產早已代替了人力工作，所以歐洲生產效率高，所需要的勞動力也比較少，在很長一段時間裡，歐洲都沒有依靠生育來解決勞動力短缺問題的動力。

第二是文化原因。在有些傳統文化中，有類似於「不孝有三，無後為大」的思想，所以很多年輕人受到必須生孩子甚至必須生出男孩的思想束縛。但也有些文化更多的是追求自由。

圖 5-5 人口負成長的原因

此外在某些文化中，如果一個婦女生育兩個及以上的孩子，就會被家庭牢牢綁住，她們必須選擇照顧孩子，不然就會被人指責。生養孩子讓她們沒有精力再去工作，不得不成為全職太太。而另一些文化中的婦女則不會受到這種束縛。

第三是環境原因。歐洲東部和北部等很多地方氣候寒冷，這會讓人們逐漸失去或降低生育慾望，還有像倫敦這樣的城市，人口密度大，交通擁擠，生態破壞嚴重，也會讓人失去生育欲望。

第四是政治原因。毋庸置疑，歐洲是世界經濟發展的核心，其政治環境也比較穩定。但總部設在歐洲的「北約」，會對世界範圍內的戰爭持積極參戰態度。比如伊拉克戰爭、利比亞戰爭，「北約」都參與其中。所以，好戰對歐洲人的生育熱情也是有所打擊的。

　　「總而言之，」馬爾薩斯導師總結道，「歐洲已開發的國家社會福利制度完善，不愁養老；他們的經濟模式又是資本技術密集型，不需要眾多的勞動力；培養一個孩子，往往需要家庭和國家投入大量的資金和精力；在死亡率方面，西歐國家高齡化嚴重，死亡率較高，所以這些國家人口往往呈現負成長。」

　　馬爾薩斯導師強調：「讓民眾幸福的原因，說白了，就是看自己獲得的資源是否豐富。但各位都知道，資源是有限的，如果人口過多，平均分配的資源就會減少。」

　　有學生說：「科技的發展應該能解決這些問題吧？」

　　馬爾薩斯導師肯定道：「不錯，科技發展可以解決一些問題，但卻解決不了所有問題，這一點是被大多數人忽視的。」

　　馬爾薩斯導師告訴學生們，不管科技如何發展，就算透過雜交、改良、基因改造、施用化肥等手段解決了食物問題，還有很多問題是科技解決不了的，比如有限的生存空間問題。

　　「人類的生存環境是有限的，土地是有限的，車位是有限的，乾淨的空氣和水是有限的，醫院是有限的，學校也是有限的。就連草原都有一個牛羊承載極限量，一旦牛羊繁殖超過一定數量，就會讓草原荒漠化，反噬牛羊。」

　　王羽軒強烈贊同導師的觀點，心想，牛羊才消耗多少資源？一個人從出生到死亡，中間要消耗比牛羊多得多的資源，可大部分人只看到了人的生產能力，卻沒考慮到環境的承受能力。

　　馬爾薩斯導師說：「在承載限度內，人口增加是件好事，因為他們可以讓經濟發展得更快。但超過承載限度後，就是對經濟的破壞，也就是對整個民族的破壞，甚至是對整個人類種群的破壞。」（如圖 5-6 所示）

經濟學家語錄：
在承載限度內，人口增加可以讓經濟發展得更快。但人口超過承載限度後，就是對經濟的破壞。

圖 5-6 人口過載

日本在第二次世界大戰後大力發展經濟，其國民思想觀念也發生了改變。加上日本的福利保障健全，能夠做到老有所依，且多生養孩子的成本很高，在這些因素的影響下，很多日本人都選擇不生孩子，這就導致了整個國家的人口出生率下降。

「綜上所述，人們的生活水準越高，其醫療衛生保健條件越好，人的壽命也越長。」馬爾薩斯導師笑著說，「老年人在總人口的比重越占越大，死亡率高於出生率，這就導致已開發國家或地區出現了人口負成長。」

王羽軒知道，某些地區的人口已呈現出了短暫的負成長。首先，這些地區的城市化較早，大部分人都受到了良好的教育，但本地的機會有限，受到良好教育的年輕人與當地城市缺少的就業機會形成了強烈矛盾。這種矛盾必然導致當地人離開故土，到其他城市尋找新的機會。這也是經濟規律的必然結果。

「大家知道有一種陷阱是以我的名義命名的嗎？」馬爾薩斯導師苦笑道。

「馬爾薩斯陷阱！」「人口陷阱！」臺下的學生們紛紛回應道。

「是的，正是人口陷阱。」馬爾薩斯導師攤手道，「下面我們就一起來看看，用我名字命名的陷阱，究竟是怎麼一回事。」

第四節　所謂「馬爾薩斯陷阱」

馬爾薩斯導師對學生們說：「廣義上的『人口陷阱』，是指一定時期內，人口無限制繁殖，導致各種資源匱乏，生態環境惡化。當人口與生態環境的平衡被打破時，人類將因饑荒或爭奪資源的戰爭而大量死亡，人口數量減少。」

馬爾薩斯導師微笑著說：「而狹義上的『人口陷阱』，是指人口成長會抵銷任何高於最低水準的人均收入成長，導致人均收入回到原本的最低水準。這種現象在開發中國家尤其常見，也是該地區經濟落後的原因之一。」

王羽軒倒吸一口涼氣，看來，開發中國家要想解決人均收入過低的問題，就必須從這個「人口陷阱」中跳出來。

馬爾薩斯導師引領學生們的思考，說道：「為此，開發中國家就必須有大規模的投資，使總收入達到一個較高的水準，讓人均收入的成長速度超過人口成長的速度。」

馬爾薩斯導師進而一針見血地指出：雖然人口成長會暫時帶來經濟成長，但經濟成長又成為人口成長的動力，當人口壓力到達臨界點時，就必然會爆發毀滅性的戰爭。

王羽軒點了點頭，古代歷史已經完美地印證了馬爾薩斯的觀點：在新王朝開始時，人口不多，社會各方面的矛盾也不突出。一旦到了王朝後期，人口發生爆炸性成長，農民土地少，賦稅重，社會矛盾激烈，這就會不可避免地發生農民起義。發生起義就會導致社會大亂，最後會有很多人

死於戰爭，然後又建立新的王朝。看來農民起義的最大原因，就是「馬爾薩斯陷阱」。

太平天國和捻軍就是最典型的人口爆炸產物。清朝在太平天國起義後，開放了向東北、內蒙古的移民，這也是政府緩和人口爆炸問題的一種策略。

馬爾薩斯導師說：「對於『人口陷阱』問題，我還是拿歐洲作為例子。早期的歐洲國家經濟條件差，瘟疫頻發，人口成長緩慢。到了中世紀後期，歐洲經濟發展迅速，人口爆炸性成長，社會開始陷入中世紀危機。」

「中世紀時期，農民起義層出不窮，社會動盪萬分，」馬爾薩斯導師說，「然而，哥倫布在這個時候發現了美洲新大陸，將歐洲的大量人口遷移到美洲，從而擺脫了『人口陷阱』。」

按照西方的歷史經驗，在工業革命開始之前，人口暴漲是不可能實現的，必將受到「人口陷阱」的限制。但之後，英國開拓了殖民地，推進了工業與技術革命進程，發展對外貿易，安全地繞過了「馬爾薩斯陷阱」。（如圖 5-7 所示）

對於這一段歷史，王羽軒深感無奈。雖然英國跳出了「人口陷阱」，但美洲人民卻因被殖民遭受了不少苦難。而且，第二次世界大戰以後的歷史，也準確印證了馬爾薩斯導師的觀點：

人口壓力導致了工業革命，工業革命刺激了經濟成長，反過來，經濟成長又成了人口爆炸的動力。如今，人口爆炸的壓力已經突破了技術力量的極限，開始演變成全人類範圍內的生存競爭。為了生存，新的戰爭不可避免。

雖說由於化肥、基因改造等技術，人們能夠勉強維持糧食資源，但其他資源，諸如石油、煤炭、水資源等的爭奪戰，還會隨著人口爆炸越演越烈。

圖 5-7 用殖民擺脫馬爾薩斯陷阱

　　馬爾薩斯導師彷彿猜透了學生們的心思，他說：「石油也是一個『人口陷阱』。各位都知道，現代工業都是以石油為基礎的。各個國家都對石油垂涎三尺，而石油的產量又十分有限，請問有限的供應，如何滿足眾多國家眾多人口的需求？」

　　王羽軒不由得脫口而出：「戰爭！」

　　馬爾薩斯導師沉重地點點頭，說道：「戰爭就會爆發，而且會不斷加劇。水資源、煤炭資源和鐵礦資源相對寬裕，但在一些資源緊缺地區，還是會爆發衝突，比如達佛和以色列。」

　　馬爾薩斯導師頓了頓，繼續說道：「而且，還有一個更大的『人口陷阱』，那就是世界市場。就像亞當斯密導師講的分工，已開發國家的工業化必須要依靠海外市場。」

如今，海外市場也是極其有限的，拉丁美洲、非洲、印度和中東市場都爭奪激烈，想要發展經濟，爭奪海外市場在所難免。一旦失去海外市場，國內失業率就會成長，社會矛盾就會越演越烈，直至引發動盪。

整體來說，一旦市場資源不足，就會產生自由競爭的大量生產和消費，最終結果肯定會陷入「人口陷阱」。經濟將出現螺旋式下降，產品品質會降低，各國競爭也會變得不擇手段，進而導致國家之間的戰爭。

王羽軒不由得暗暗咋舌，如今的國家都有大規模殺傷性武器，有些甚至有核武器，一旦「人口陷阱」爆發，將是無法想像的全球性災難。

大家不由得感慨萬分，原來人口與經濟之間，還有如此千絲萬縷的關聯。

馬爾薩斯導師握緊手中的聖經，說道：「今天的課程到此結束。孩子們，願你們和整個世界都能變得更好。」

學生們紛紛鼓起掌來，馬爾薩斯導師為王羽軒帶來了讓人驚訝的一課，也讓王羽軒更好地了解到人口發展對經濟帶來的影響。在熱烈的掌聲中，馬爾薩斯導師手捧聖經，消失在大家的視野中。

第六章
密爾導師主講「市場」

本章透過三個小節，講解了約翰・斯圖爾特・密爾的市場經濟。19 世紀的歐洲，由於工業資本主義高度發達，工人工作環境差、待遇差，以及僱用童工等問題開始出現。而密爾在 1848 年出版的《政治經濟學原理——及其在社會哲學上的若干應用》是第一本影響西方經濟學教育達半個世紀的教科書。對於想要了解市場經濟的讀者，本章是不可錯過的部分。

約翰・斯圖爾特・密爾

John Stuart Mill，1806.5.20-1873.5.8，英國著名哲學家、經濟學家和心理學家。19 世紀，約翰・斯圖爾特・密爾在古典自由主義人群中的影響力很大，支持邊沁的功利主義。約翰・斯圖爾特・密爾的父親是詹姆斯・密爾，詹姆斯・密爾也是著名的經濟學家。受到父親的影響，約翰・斯圖爾特・密爾以新聞記者和作家身分寫了不少著作。其著作有《邏輯體系》（1843）、《政治經濟學原理》（1848）、《論自由》（1859）、《論自由及論代議政府》（1861）、《效益主義》（1861）等。

第一節　市場：看不見的「上帝之手」

上週六馬爾薩斯導師帶來王羽軒的震撼久久未能消除，他去吃飯、等公車、逛超市時，都時不時地會聯想到各種人口問題。

經濟學課堂越來越受歡迎，這週上課時間還沒到，禮堂已經來了很多人──甚至還有很多學生被擋在門口，因為他們沒收到卡片，所以守門的年輕人禁止他們進入──這也讓王羽軒暗自慶幸自己當時接受了卡片。

十二點，整個禮堂座無虛席，所有人都目不轉睛地盯著講臺。只見一個穿著 19 世紀紳士服的中年男子緩緩走上講臺。

「天哪！」臺下有些學生發出了驚嘆聲。倒不是因為這個人大家都認識，而是因為走上臺的這位經濟學家有著光亮的大腦袋。

他的眼睛很深邃，鼻子很突出，嘴唇很薄，整個人顯得一副很有智慧的樣子。王羽軒一眼就認出了他，因為他的髮型簡直跟書裡一模一樣。果

然，學生們紛紛向他致意：「您好，約翰・密爾導師！」

約翰・密爾導師向臺下的學生們點點頭，問道：「各位都知道『看不見的手』嗎？」臺下有一半以上的人搖頭，王羽軒點點頭。他是學經濟學的，學經濟學的人怎麼能不懂「看不見的手」呢？

約翰・密爾導師再次點點頭，說道：「說白了，『看不見的手』就是指市場的自我調節，而不是人為地對市場進行干預，因為這種自我調節是自動進行的，人們無法察覺，因此又被稱為『看不見的手』。而市場調節的主要方式包括三個方面：生產什麼，如何生產，為誰生產。」（如圖 6-1 所示）

圖 6-1　「看不見的手」

臺下的同學們紛紛記起了筆記。

約翰・密爾導師接著講道：「市場調節的這三個方面所使用的手段是價格機制和價值規律，換句話說，就是哪種產品需求量大、利潤高就生產哪種產品；哪種產品生產方式成本少、獲利多就用哪種方式；誰出價高，就為誰生產。」

王羽軒知道，「看不見的手」曾是西方資本主義國家最為推崇的經濟

方式，但由於市場自我調節的弊端，最終引發了 1930 年代的經濟危機。此後，資本主義國家才漸漸加強對經濟的干預。

「看不見的手」的原理，就是強調在自由的競爭市場中，市場機制能夠有效實現資源的合理分配。

在當今社會中，幾乎每個人都在力求得到個人滿足。一般來說，人們不會特別渴望增進公共福利，但總有一隻「看不見的手」，引導他們去促進社會利益。這隻「看不見的手」，實際上就是人們自發按照市場機制的作用調節自己的行為，以實現消費效用和利潤的最大化。

約翰·密爾導師說道：「人人都有『利己心』，是『利己心』驅使著人們追求最大利益，當每個人都得到了利益，社會也就得到了利益。因為財富就是所有國民的消費，這也是『看不見的手』的實質。」

「綜上所述，看不見的手其實就是指市場透過價格、供需關係和競爭來調節經濟的一種自發手法。」

大部分從來沒有接觸過經濟學的學生還是有些迷茫。約翰·密爾導師無奈地攤手道：「我給大家舉個例子吧！當某年豬肉價格過高時，就有很多畜牧戶選擇養豬，從而增加豬肉供給量；因為大家都養豬，豬肉的供給量大大增加，從而導致價格下降；畜牧戶因豬肉價格下降而放棄養豬，從而供給減少，豬肉價格又會上升。」

學生們恍然大悟。就像前兩年櫻桃價格飆升，農戶們紛紛改種櫻桃，結果櫻桃供過於求，導致價格暴跌一樣！

約翰·密爾導師接著說：「透過價格的週期性變化，一些畜牧戶會因為成本優勢而生存下來，豬肉價格會呈現螺旋式下降，這就是市場自發調節的結果。這會促使畜牧戶提高效率，或降低成本，以適應市場的需求。」（如圖 6-2 所示）

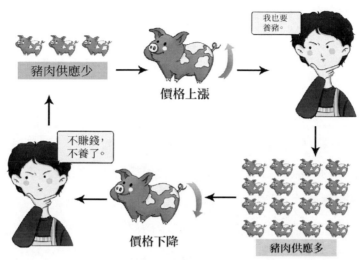

圖 6-2 「看不見的手」—— 市場

約翰・密爾導師強調：「市場調控這隻『看不見的手』，是撬動經濟發展的重要槓桿。」王羽軒和臺下的學生們紛紛點頭。無數實例都印證了約翰・密爾導師的觀點。市場這隻『看不見的手』，一直在操控市場經濟的發展。

「那麼，『看不見的手』的最常見形式是什麼呢？那就是供需關係，供需關係透過影響價格來調節市場，而這才是各位關注的事情。」密爾導師拍了拍手，將大家的注意力吸引過來，「下面，我來為各位詳細講解一下供需與價格！」

第二節　價格：市場的訊號

「想必大衛・李嘉圖導師已經給各位簡單介紹過價格與價值了。」約翰・密爾導師微笑著對學生們說道。臺下的學生們點點頭，王羽軒也對大衛・李嘉圖導師的課程記憶猶新。

約翰・密爾導師說道：「價格就是當商品和貨幣進行交換時，以貨幣單位表示單位商品數量所需要的金額。換句話說，價格就是商品的價值在流通過程中所轉換的表現形式。」

王羽軒暗自點頭，他知道在經濟學中價格是一項以貨幣為表現形式，為商品、服務及資產所訂立的價值數字。資源在供應與需求兩者之間被重新分配的過程中，價格是重要的變數之一。這些都是自己的導師提到過的。

約翰・密爾導師接著說道：「在現代市場經濟學中，價格被看作是因供需間的互相平衡、相互影響而產生的，而在古典經濟學中，價格則是對商品內在價值的展現。」

約翰・密爾導師笑著說：「價格在經濟學裡扮演著許多角色，它有 6 種功能，大家應該把這些功能牢牢記住。」臺下的同學們立刻打開了筆記，隨著約翰・密爾導師的話語認真地記錄下來。

價格的第一個功能是標記功能。價格是商品價值量的度量標準。在商品經濟條件下，工作時間是商品內在價值的度量標準，貨幣是工作時間的具體表現形式。

「需要注意的是，貨幣價值尺度的作用是透過價格來實現的，價格是在觀念上表現商品價值量大小的貨幣標記。」約翰・密爾導師強調道。（如圖 6-3 所示）

經濟學家語錄：
貨幣價值尺度的作用是透過價格來實現的，價格是在觀念上表現商品價值量大小的貨幣標記。

圖 6-3 貨幣的價值尺度

　　價格的第二個功能是調節功能，即價格所具有的，能調節經濟活動和經濟關係的功能。由於商品在價格和價值方面經常存在不統一的情況，所以價格的每次變動，都會造成買賣雙方利益的轉換，因而價格成為有效的經濟槓桿。

　　「最典型的例子就是，」約翰・密爾導師道，「當有許多人想買玫瑰金飾品時，玫瑰金飾品的價格就會被炒作得一路飆升，使得很多買不起的人放棄購買，等到無人問津時，玫瑰金飾品的價格又會下降。」

　　價格的第三個功能是資訊功能。價格變動能夠為人們提供市場資訊，反映市場供需關係的變化狀況，並且引導企業進行生產和經營決策。價格的這種功能是在商品交換過程中形成的，也是市場上多種因素共同作用的結果。

　　價格的第四個功能是表達價值的功能，也就是價格可以表現商品的價值。透過價格，人們可以知道商品的價值有多少，貨幣價值可以反映商品的社會價值，讓商品的交換行為得以實現，同時也讓市場主體獲取資訊。

約翰‧密爾導師強調說：「需要注意的是，越是發達的市場經濟，其價格的表達價值功能越能得到充分展現，也就越能顯示出表達價值功能的重要性。」

價格的第五個功能是核算功能。即透過價格，對商品生產中的整體國民經濟的工作投入進行核算、比較和分析，價格的核算功能是在其表達價值功能基礎上產生的。

「各位應該知道，具體的工作和不同商品的使用價值是無法進行比較的。價格的核算功能可以幫助企業核算盈虧，並為社會在不同產業部門、不同產品間進行合理分配提供計算工具。」

價格的第六個功能是分配功能，即它對國民收入再分配的功能。這是由價格的表達價值功能和調節功能衍生出來的。國民收入再分配可以透過稅收、保險、國家預算等手段實現，也可透過價格這一個經濟槓桿來實現。

「各位應當了解，」約翰‧密爾導師說，「當價格實現調節功能時，它同時也承擔了國民經濟收入在企業和部門間的再分配功能。」

約翰‧密爾導師接著說：「在市場中，價格的作用主要有三點：首先，價格可以作為商品供需關係變化的「指標」，反映市場上的供需情況。其次，價格水準與市場需求量的變化密切相關，當需求量增加時，價格通常會上漲；反之亦然。最後，價格是實現國家宏觀調控的一個重要手段，政府可以通過調整稅收、利率等措施來影響價格水準，以達到維護經濟穩定的目的。」

「在市場經濟中，」約翰‧密爾導師道，「產品的價格、品牌、品質保證等都是市場訊號的主要表現形式，其中最重要的還是價格。」

企業可以借助於價格，不斷調整生產經營決策，調節資源的分配情況

與方向，促進社會供需平衡。市場可以借助於價格，直接向企業傳達供需資訊，各企業再根據市場價格信號組織生產經營。與此同時，價格水準又是市場上商品銷售狀況的重要指標。

約翰・密爾導師說道：「一般來說，在消費水準不變的情況下，市場上某類商品的價格越高，消費者的消費欲望就越小，需求量也越小；反之，商品價格越低，消費者對它的購買欲望就越大，需求量也就越大。」

就比如大白菜，當市場上大白菜的價格過高時，消費者可能就不買大白菜，或少買大白菜，改為購買白蘿蔔等蔬菜來代替大白菜。因此，價格水準的變動，造成改變消費需求量、需求方向和需求結構的作用。（如圖6-4 所示）

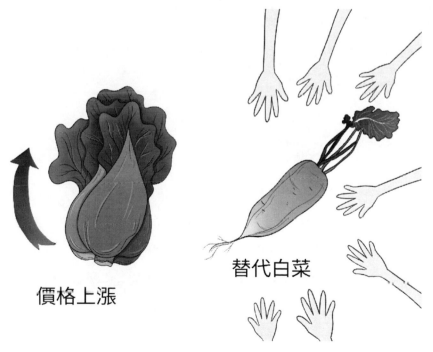

圖 6-4 價格是市場的訊號

　　價格所顯示的供需關係是市場最實用的訊號，它為國家的宏觀調控提供了資訊。當某種商品的價格變動幅度過大時，國家就可以利用宏觀調控，鼓勵這種商品增加或減少生產規模，從而調節商品的供需平衡。

　　「那麼，為什麼要講這麼多有關價格的內容呢？因為價格這種市場訊號，正好可以在一定程度上避免『看不見的手』的不穩定，使市場供需大致上趨於平衡。」

　　「各位聽說過市場失靈和羊群效應嗎？」約翰·密爾導師微笑著問道。

　　「我只聽說過煞車失靈。」一個女同學自言自語道，隨即對約翰·密爾導師調皮地眨了眨眼。密爾導師並沒有怪她的失禮，反而笑著說：「妳說的也沒錯，市場失靈和煞車失靈也是有異曲同工之妙的。」

　　「密爾導師，羊群效應是否就是從眾心理？」一個男生大聲問道。

　　約翰·密爾導師對他笑了笑，說：「不錯，下面，我就給各位講解一下市場失靈和羊群效應的具體含義。」

第三節　市場失靈和羊群效應

　　約翰·密爾笑著對學生們解釋道：「和煞車失靈一樣，市場失靈是指市場沒辦法繼續有效地分配商品和勞務的狀況。對於學經濟學的人來說，市場失靈也通常被用於描述市場力量沒辦法滿足公共利益的情況。

　　市場失靈的原因主要有兩個：第一個是成本或利潤價格的傳遞不當，例如資訊不正確或者錯誤，進而影響市場經濟的決策機制；第二個是不良的市場結構和市場壟斷的影響。」

　　市場失靈經常會引發「用什麼來替代市場」的爭議。最常見對市場失靈的反應，是由政府部門產出商品和提供勞務。當然，政府過分干預也有

造成市場失靈的可能。

約翰・密爾導師說道：「市場失靈的表現之一，是在某領域內出現了有壟斷行為的企業。什麼是壟斷行為呢？就是在經濟市場化過程中，企業對市場形成的一種排他性控制。」

王羽軒點點頭，按照實際情況看，雖然當前市場還是非常靈活的，但某些領域內，仍然存在著一些有壟斷行為的企業。而且，這種壟斷行為不但有行業性壟斷，還有地方性壟斷。

地方性壟斷嚴重的地區，會對外地產品在本地的銷售數量進行嚴密控制，在價格上加大打壓力度，而對本地產品實施補貼；並且對外地產品實施高門檻等歧視性限制，同時嚴格控制勞動力的流動。

「必須承認，地方性壟斷是保護和扶持本地區利益的方法，」約翰・密爾導師解釋道，「它能在短時間內收到一定的利益，但從長遠來看，地方性壟斷必然會妨礙整個市場機制的形成與發展。」

約翰・密爾導師無奈地說：「如果市場秩序管理過嚴，就會帶來一個嚴重後果 —— 市場競爭機制難以形成。」

約翰・密爾導師皺了皺眉，接著說道：「西方的市場失靈多表現為經濟壟斷和自由壟斷。」

西方的經濟壟斷是經濟主體利用貿易壁壘（各國為阻止和限制外國商品進口所設置的各種障礙）而對市場形成的一種排他性控制。經濟壟斷是一種普遍的壟斷形式。

王羽軒的高中歷史學得不錯。他知道，自 19 世紀以來，西方資本主義制度下的工商業都在迅猛發展，其市場也積極地發揮著調節作用。西方市場進行著優勝劣汰的選擇，導致了一部分生產者被排擠，而另一部分則不斷地發展。

隨著資本主義的不斷擴張，一些經濟主體占據了市場支配地位，它們操縱和控制著市場，對商品的生產、價格、數量實現排他性控制。

約翰‧密爾導師接著介紹道：「天然壟斷是指那些因資源稀缺、規模經濟效益、範圍經濟效益等範圍經濟而形成的壟斷。天然壟斷主要存在於第三產業中，這在西方各國歷史上均有出現。」

王羽軒知道，第三產業上的壟斷主要有 1970 年代以來，美國、英國等國家出現了在通訊、運輸、金融等產業上的壟斷現象，並實行了放寬管制的政策。

「不管在東方還是西方，壟斷都是市場失靈的重要表現形式，」約翰‧密爾導師頗為無奈地說，「但是人的欲望總是無止境的，人的利己心讓他們不在乎整個市場的利益，只在乎自己的錢包。」

約翰‧密爾導師頓了頓，說道：「大家都了解了市場失靈，下面我再為大家講解一下什麼是『羊群效應』。」

「羊群效應」，又被稱為「從眾效應」。它是指一個人受到群體的影響或壓力，因而改變自己的觀念或行為，跟隨大多數人的趨勢或方向的現象。

約翰‧密爾導師說：「一群羊被放出去吃草，你在第一隻羊前面放一根木棍，第一隻羊會跳過去；第二隻、第三隻也會跟著跳過去。這時，若你把這根棍子拿走，會發現後面的羊走到這裡，仍然會向上跳一下。」（如圖 6-5 所示）

儘管那根棍子已經不在了，儘管剩下的羊不知道為何前面的羊要跳一下，但牠們還是跳了。這就是所謂的「羊群效應」，也就是「從眾心理」。

圖 6-5 羊群效應

　　這種從眾心理表現為，人們對人群中的優勢觀念和行為方式的「遵從」，表現為對長期占優勢的觀念和行為的順從。人們會追隨大眾所認可的，並將自我意見潛意識地予以否定，且不會去思考做這件事的意義。

　　約翰・密爾導師摸著自己光亮的禿頂，說道：「無論你們承認與否，群體觀點足以影響他人，因為群體力量很容易讓理性判斷失去作用。比如市場上那些沒有自己的預期或沒有資訊來源的投資者，他們總是根據其他投資者的行為來改變自己的行為。」

　　王羽軒最早知道「羊群效應」，是因為父親在玩股票，而這個詞最早正是出現在股票投資中的，指的就是那些投資者在交易過程中的模仿現象，他們盲目地效仿別人，導致他們在某段時期內都會購買相同的股票。

　　在資訊的不斷傳遞中，許多人會發現自己的資訊與其他人大致相同，從而更加深了彼此的從眾行為。「羊群效應」是由個人理性轉向集體非理性行為的一種非線性機制。

　　約翰・密爾導師給大家舉了個例子：「某個競爭非常激烈的行業中，

如果這個行業的某個領軍人物（領頭羊）得到很多利益，那麼整個行業（羊群）都會不斷模仿他的一舉一動。領頭羊去哪裡『吃草』，其他的羊也去那裡『淘金』。」

　　無論是市場失靈還是羊群效應，都是市場經濟紊亂的表現，這種表現隨著市場經濟的出現而出現，並伴隨著市場經濟的發展而一直存在下去。

　　約翰・密爾導師等學生們的筆記記得差不多了，笑咪咪地對大家說道：「各位，歡樂的時光總是特別短暫。現在，我們已經到了該說再見的時候了。希望我的課程能大家帶來啟發，也祝各位晚安。」

　　教室裡立刻爆發出熱烈的掌聲，以此送別這位偉大的經濟學家。

第七章
凱因斯導師主講「宏觀調控」

本章透過四個小節，講解約翰·梅納德·凱因斯的「宏觀調控」思想。約翰·梅納德·凱因斯被稱為「戰後繁榮之父」，為了幫助讀者更好地理解其宏觀調控理論，作者熟練掌握凱因斯的觀點後，輔以風趣的文字呈現給讀者。對此感興趣的讀者，不可錯過本章。

約翰・梅納德・凱因斯

John Maynard Keynes，1883.6.5-1946.4.21，英國經濟學家，現代經濟學領域最有影響的經濟學家之一。他創立的總體經濟學與佛洛伊德所創的精神分析法和愛因斯坦發現的相對論並稱為 20 世紀人類知識界的三大革命。凱因斯的主要著作有《凡爾賽和約的經濟後果》(1919)、《貨幣改革論》(1923)、《貨幣論》(1930)、《勸說集》(1932)、《就業、利息和貨幣通論》(1936)、《論機率》(1921) 等。

第一節　完全自由市場是不存在的

週六已經成了王羽軒最喜歡的日子，不是因為週六可以休息，而是因為每週六的晚上他都能進入那個神祕的經濟學課堂。學校的這間大禮堂，已經成了學生心中的一個傳奇。

今天又會是哪位導師講課呢？王羽軒暗暗想著，然後邁著輕鬆愉快的步閥，和其他學生一起邁進了禮堂。大家都坐好後，錶上的指針也指向了十二點，只見一位西裝革履的中年男子莊重地走上了講臺。

導師穿了一身筆挺的西裝，西裝裁剪得體。導師那抹滿髮油的頭髮中分在兩邊，油光發亮，一張蓄有小鬍子的臉，給人一種認真嚴肅、不苟言笑的印象。

然而，這種嚴肅的氣氛，在他一開口就破了功：「嗨！大家好啊！我是今天的經濟學導師，我叫約翰・凱因斯。」

大家紛紛笑了，氣氛也變得熱烈起來。

約翰‧凱因斯導師用意氣風發的聲音講道：「今日經濟學課程的主要內容是宏觀調控，這也是我畢生研究的重點。但在此之前，我想請問各位，有誰知道自由市場的概念嗎？」

「自由市場？」王羽軒心中暗想，密爾導師講過市場，自由市場應該就是按個人意願進行金錢、貨幣流通的市場吧？

果然，約翰‧凱因斯導師說道：「自由市場是一個經濟學術語，就是指貨幣、貨物的流動，完全依據所有者的個人意願而進行，堅持發展自由市場也是自由市場經濟的主要原則。」

「但是，經濟學概念中的市場是抽象的市場，是理論中的而非具體的市場。」約翰‧凱因斯導師強調道，「而理論中的自由市場一個重要的特徵是：不受政府的調控和干預，政府只對市場施行最低限度的職能，比如維護法律和產權。」

約翰‧凱因斯導師友好地笑了笑：「我聽前面幾位導師說過，這裡的學生們腦袋總是很活躍的，那麼，我有個問題要問各位。」

臺下的學生紛紛摩拳擦掌：「您問吧！」

約翰‧凱因斯導師說：「各位都知道了自由市場的定義，那麼，這個世界上存在完全自由的自由市場嗎？」

大家愣了一秒鐘，口徑出奇地一致：「當然不存在。」

「為什麼呢？」約翰‧凱因斯導師笑著問。

大家都笑了：「我們在學校的導師教過我們，萬事無絕對，只有相對！」約翰‧凱因斯導師突然把臉轉開笑了一下，大家正納悶是怎麼回事時，他很快又回過頭來。

「你們果然思想敏捷，下面我就給各位講解一下，完全自由市場為什

麼不存在。」

約翰·凱因斯導師說道:「在自由市場理論中,自由往往被理解為帶有限制性的自由,而這無疑就打消了完全自由市場的可能。而如果這種自由被定義為無限,那麼自由市場就會被定義為自由放任市場,而這又進入到自由放任主義經濟學的模型中。」

約翰·凱因斯導師接著說:「自由放任主義經濟學是提倡限制政府對自由市場的干預,比如限制政府制止暴力和欺詐行為,放手讓市場自行運作。因此,政府被限制在一個勉強防禦的角色。除了透過徵稅來維持自由市場外,政府不會主動干預市場。」(如圖 7-1 所示)

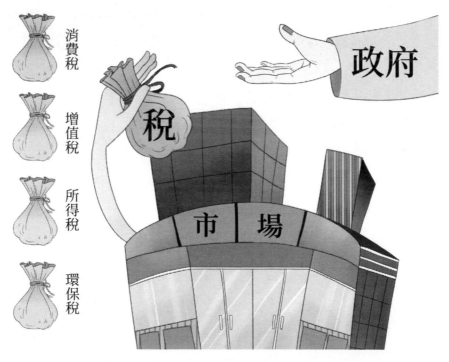

圖 7-1 政府要調控市場

「有些完全自由市場的支持者甚至反對政府徵稅,他們宣稱,完全自

由市場能提供更有價值的服務，甚至連國防和法制也可以提供。例如，無政府資本主義能取代仲裁機構和防衛機構。」

約翰·凱因斯導師聳了聳肩，說道：「堅持自由放任主義經濟學的簡直是一群狂熱分子，他們這是在亂來。如果事情真的像他們所期待的那樣，那麼我敢說，這樣的市場必然是一團亂麻。」

凱因斯導師的話讓人想到了 20 世紀初期的世界經濟「大蕭條」，那個時候西方已開發國家所堅持的就是類似於自由放任市場經濟。

約翰·凱因斯導師繼續說道：「所以，完全自由市場是不存在的，因為在實踐中，堅持自由市場經濟會出現很多問題。」凱因斯導師講了自由市場經濟存在的幾個問題。

- 企業間的競爭是有限的，尤其一些規模較大或成立較早的公司，很可能會壟斷一個行業。在這樣的情形下，它們會用力控制市場，提高產品售價，進而榨取高額利潤。
- 缺乏競爭和高利潤，使得其他中小公司失去推動社會經濟發展的動力。
- 權力和財富不可能會平等分配。
- 一家獨大的公司，其壟斷行為對社會發展有極大危害。
- 私有企業不會生產對自身無利益的產品，即便這個產品對社會十分有用。
- 自由市場經濟會導致總體經濟不穩定，也可能會出現高失業率，出現整體生產力衰退和物價上漲。
- 自由市場經濟從私利出發，會造成自私、貪婪、物質和權力至上等觀念盛行，導致社會風氣變差。

事情確實如凱因斯導師說的那樣，完全自由市場讓資本主義得到發展

的同時，也釀成了巨大的苦果。

　　凱因斯導師接著說：「正是因為市場的完全自由模式有很大的局限性，所以就連發達的資本主義國家也不存在完全的自由，政府多多少少都會對市場進行干預，只是程度不同。」

　　王羽軒知道，政府對經濟進行積極干預正是凱因斯所推崇的，比如著名的「羅斯福新政」，就是羅斯福總統在凱因斯經濟理念的指導下，透過政府對市場進行干預，從而讓美國擺脫經濟危機的，經濟界也因此誕生了一個詞彙 ——「凱因斯主義」來紀念凱因斯。

　　約翰·凱因斯導師總結道：「完全自由市場必然將人類引入災難當中，所以也就意味著，國家、企業和人民都不會放任市場自由無序地運行，大家都會有意或無意地對市場進行調控，這也就導致了完全自由市場是無法存在的。（如圖 7-2 所示）

經濟學家語錄：
完全自由市場必然將人類引入災難當中，所以我們不會放任市場自由無序地運行。

圖 7-2 完全自由市場

對市場的干預，人類的任務就是要充分發揮『看不見的手』和『看得見的手』的雙重作用，在市場自由發展的同時，靈活發揮政府的服務職能，為自由市場經濟保駕護航。」

　　「那麼，我還有一個問題想要問各位。」約翰‧凱因斯導師友善地笑了笑，「各位知道『尋租』是什麼意思嗎？」

第二節　政府過度干預導致的「尋租」

　　「為什麼要講『尋租（rent-seeking）』呢？我是想要用這個詞彙來向大家解釋，雖然完全自由市場是不可能存在的，但是如果政府對市場進行過度干預，也是一樣會出現問題的！」約翰‧凱因斯導師笑著解釋道，「尋租和租房子不一樣！尋租的意思是手上握有公權力的一方，透過這種權力的授權為某些人帶去利益，進而換得利益方對自己的回報。」

　　約翰‧凱因斯導師強調說：「但是各位要注意，如果不是出於公共利益，這種『行政權力』是不允許被『租借』的。因此可以說凡是尋租行為，都是違反公平原則，甚至是非法的。」

　　王羽軒點了點頭，因為他聽懂了尋租的意思。官員想為手裡的權力尋找到需要它的人，讓這些人能透過他的權力，實現更大的經濟利益；而官員也能靠這種行為，將自己的權力「出租」，實現權力變現，牟取私利。

　　約翰‧凱因斯導師給學生們舉了個例子：「某飯店老闆想在當地的大學裡開餐飲業，為了達到壟斷市場，攫取巨利的目的，他賄賂了學校後勤部門的主管，讓學校做出只允許他一家開飯店的規定，這種行為就是尋租行為。」

　　在市場經濟下，為什麼能夠出現尋租呢？那是因為行政對於市場進行了過度干預。

　　尋租的本質在於市場規範不完善，政府過度行政干預市場規律，為不法之徒提供了利用公共政策控制市場的機會。因此，在大多數市場中，尋

租行為通常出現在政府經濟活動中，例如政府定價、政府採購、關稅和配額等。

約翰‧凱因斯導師給學生們舉了幾個轉租的例子：

「你開車闖了紅燈，交通警察要罰款 1,800 元，你遞給警察 1,500 元，說：『警察先生，我不要發票，能不能少繳 300 元？』」（如圖 7-3 所示）

圖 7-3 所謂「尋租」

「你是某市市長，國家撥款給你修路用，你讓自己家親戚承包公路，這樣你就可以零成本，還擁有一半股份。」

「你是某醫院的採購，某家藥廠給你兩成的回扣，讓你選擇採購他家的藥給醫院……」

約翰‧凱因斯導師說道：「這樣的例子在政府過度干預的市場中比比

皆是，尋租的方式就是運用各種手段把權力轉化為金錢。」

約翰·凱因斯導師接著說：「下面我為各位講解一下尋租的來源。」

「第一種情況是政府訂價。在政府介入市場經濟的結構中，政府實施一項重大經濟政策時，通常會出現利益分配的問題。在政府管制過程中，生產者和消費者的利益是對立的。為了獲取最大的利益，政府可能會提高某些受管制產品的價格，以服務那些有利益的集團。」

「其中最典型的例子，就是政府對價格實施的管制。如果政府裡有人經不住誘惑，就可能出現行政定價透過貪汙和黑市轉化成的市場價格，在這一個轉化過程中，市場價和行政定價之間的差額，就是不法分子獲得的租金。」

「第二種是政府授權。政府特許權是指政府對某類商品發放的『特別生產授權』和『特別銷售授權』。」

約翰·凱因斯導師說：「例如某國政府特別授權幾家公司進行電腦生產，或是在交通擁擠的情況下，透過拍賣汽車購買權或駕駛執照等方式。由於獲得「特許權」的企業和個人可以透過其壟斷地位獲得巨大的壟斷利潤，這種利潤就是不法分子可能尋得的租金。」

王羽軒點了點頭。確實，如果某地區從事菸草買賣的企業和個人十分有限，相應的，就會出現菸草的供不應求。因此，有些人就會想方設法獲得菸草專賣許可權，以此來達到壟斷租金的目的。

「第三種是政府徵收關稅和設定進口配額。」約翰·凱因斯導師接著說道，「由於每個國家的生產要素和生產水準不相同，為了充分利用自己的優勢資源，每個國家都會制定對自己有利的進出口政策，其中，進出口的關稅和配額就是重要的因素。」

王羽軒想到，如果不存在關稅，那國際市場上「品質低價格高」的商

品就會不斷流向本國市場；如果存在關稅，那本國市場上「品質高價格低」的商品就能在國內市場與來自國際市場的「品質低價格高」的商品進行競爭。

「第四種是政府訂貨。」凱因斯導師說，「在市場經濟國家中，因為政府的能力和技術限制，政府向私營企業購買產品和服務是常有的事。」

約翰‧凱因斯導師說道：「比如美國政府將軍用品的生產、高速公路的建設等方面，交由私人企業承包。這就導致政府重要需求品被某些有權勢的利益集團壟斷，繼而形成缺少盈利機會等問題。」

王羽軒暗暗思考，如果負責驗收的政府官員不夠廉潔，那承包政府訂貨的利益集團就可能透過虛報成本、減少工程量和降低產品品質標準等手段，來達到尋得租金的目的。

約翰‧凱因斯導師無奈地說：「官員有權，商人有錢。商人會拿手裡的錢去買官員手裡的權，而官員為手裡的權力尋找買主，實際就是官員將權力商品化，再作為一種商品租出去，參與商品交換和市場競爭，牟取金錢和物質利益。」

王羽軒明白了，通常所說的權物交易、權錢交易、權權交易、權色交易等，原來都是經濟學上的尋租問題。

約翰‧凱因斯導師犀利地說道：「尋租活動其實就是在『掌握政治權力的人』和『擁有財富的人』之間架起一座橋，一邊用權力換錢，另一邊用錢換權力，這就是尋租的表現，而這一切的根本就是政府對於市場有干預的能力，干預能力越大，尋租空間也就越大。」

「因此，適當的政府干預可以為市場經濟創造公平的競爭條件，讓某些集團難以形成壟斷，促進市場經濟健康有序的發展。」約翰‧凱因斯導

師說道,「但政府的過度干預,就會破壞市場公平競爭,出現尋租,最終造成市場扭曲。」(如圖 7-4 所示)

經濟學家語錄:
政府的過度干預,就會破壞市場公平競爭,出現尋租,最終造成市場扭曲。

圖 7-4 政府過度干預

學生們頻頻點頭,確實,政府過度干預的程度越深,市場就越扭曲,尋租活動就會呈現出惡性循環的趨勢。

約翰・凱因斯導師一針見血地說道:「所以,政府對市場的過度干預也是產生社會腐敗的現實經濟基礎,是腐敗越演越烈的制度性因素。」

「那麼接下來,圍繞著政府的宏觀調控,我們再提出下一個問題 —— 房價。想必房子問題已經成為民眾密切關注的話題了吧?」約翰・凱因斯導師停頓了一下,話鋒一轉。

約翰・凱因斯導師果然犀利啊!

約翰・凱因斯導師隨即拋出了一個問題:「誰能告訴我,作為政府干預的一種形式,明明沒有尋租,但為什麼限購令還是限制不住房價?」

第三節　為什麼限購令限制不住房價？

約翰‧凱因斯導師的問題剛一拋出，立刻引來學生們的熱烈討論。是啊，大家都有這樣的體會：政府越限購，房價就越高。這究竟是怎麼回事呢？

約翰‧凱因斯導師說道：「英國的房地產市場多年火熱，瘋狂的房價從一線城市逐漸蔓延到二、三線城市。而且，為了解決房地產市場問題，不少城市還推出了限購令。」

約翰‧凱因斯導師的話立刻引發了學生的討論，等大家討論得差不多了，凱因斯導師這才笑著說道：「房價上漲得越厲害，限購令就推出得越緊密，可是呢，限購令一推出，反而讓房價漲得更瘋狂。」

有個女生舉手說道：「是呀，我都煩惱好久啦，到底應該買房子好呢，還是再等等好呢？凱因斯導師，為什麼限購令一出，房價卻迎來了瘋狂的上漲呢？」（如圖 7-5 所示）

約翰‧凱因斯導師嚴肅地說：「其實限購令就是一種『宏觀調控』的手段，但它對房價起不了限制作用，這不僅說明了宏觀調控不一定真的能夠控制市場，也說明了市場自有其發展規律。」

「市場有什麼規律呀？」女生好奇地問道，「雖然您前面已經提到了，完全自由的市場和政府過度干預的市場都是行不通的，但有人出面管理總是好的吧？」

約翰‧凱因斯導師聳了聳肩：「我不是說它毫無用處，我只是說，限購令並不符合當前市場發展的規律。我們是學經濟的人，一定要透過現象看本質。」

圖 7-5 限購令限制不住房價

　　王羽軒思索了一下，說道：「那政府直接實施『禁購令』不行嗎？您看，實施禁購令，其實就像美股實施的熔斷機制一樣，漲過多少個百分點就自動暫停當日交易，那房價不就能限制住了嗎？」

　　約翰·凱因斯導師搖了搖頭，說道：「親愛的學生，你還是沒有明白我的意思。這麼跟大家說吧 —— 不管是中國也好，英國也好，房價上漲都是符合市場發展規律的。所以，限購令這種宏觀調控手段其實沒有太大作用。各位可以想想，一國經濟高速發展，必然會吸引大量的資金湧入，而資金又傾向那些投資報酬率高的領域。房地產業作為報酬率高的產業，必然引來資金的大量投入，而金錢的湧入就必然導致房價的上漲。」

　　王羽軒點點頭。不錯，相較於其他產業，房地產的確更能吸引資金。

　　約翰·凱因斯導師繼續說道：「此外，房價上漲的另一個重要原因就是土地出售價格的上漲。」

「土地出售價格？」大家都是一頭霧水。

約翰‧凱因斯導師笑道：「當然了，開發商想建房子，肯定要先把土地買下來，不然房子建在哪裡呢？就拿各地方的土地出售為例，假設合法擁有大片土地使用權的人被稱作『Ａ』，開發商想從『Ａ』手裡拿下土地，就必然要給予『Ａ』一定的金錢。可是，隨著『Ａ』的不斷出現以及他們對土地要價越來越高，房產的成本也就逐年攀升。為了盈利，開發商們必然想盡辦法漲價。」

一位戴眼鏡的女生舉起手示意道：「等一下，凱因斯導師，您能說得再簡單一些嗎？」

約翰‧凱因斯導師略一思索，說道：「當然。如果把房子比喻成饅頭，那土地就是麵粉。妳想一下，若是麵粉漲價了，饅頭有理由不漲價嗎？所以，若想讓饅頭的價格降下來，最直接的辦法不是政府號召大家『限購饅頭』，而是把麵粉的價格降下來。」（如圖 7-6 所示）

「您這麼說我就懂啦！」女生恍然大悟，「謝謝您。」

凱因斯導師點了點頭：「所以呀，從經濟角度上看，不管是英國房價也好，中國房價也好，都不是『限購令』就能降下來的。」

「那政府能不能增加土地供給量？如果政府增加麵粉供給，那麵粉的價格不就降低了嗎，那饅頭的價格也會跟著降下來啦……」一個男生說道。

還沒等凱因斯導師開口，王羽軒就搖了搖頭：「不對，這麼想太簡單了，畢竟國家的地價還關係到財政收入，關係到我們民眾的糧食安全等。增加土地供給量，哪有那麼容易做到呢？」

約翰‧凱因斯導師笑咪咪地說道：「是啊，所以說宏觀調控也是一盤大棋，需要極高的行政智慧呢！」

約翰・凱因斯導師等學生們的討論聲低下來之後，又拋出了一個犀利的問題：「好了，各位，想必大家對中國的計劃生育（family planning）都不陌生吧？那你們覺得，人口多了，對國家是負擔還是財富？」

經濟學家語錄：
想讓饅頭的價格降下來，最直接的辦法不是號召大家「限購饅頭」，而是把麵粉的價格降下來。

圖 7-6　「限購饅頭」不可行

第四節　國家對於人口數量的控制對不對？

這個問題一問，臺下的同學紛紛說：「是負擔！」

確實，中國人口數量長期位居世界第一位。而且大家還知道，人口問題一直都是關係各國國計民生的大問題，自從 1970 年代開始，中國便實行了計劃生育政策。

21 世紀以來，中國經濟、科技和軍事力量發展迅速，取得了令人矚目的成就，這或多或少都與限制人口過度成長、提高人口素養有著密不可分的關係。

約翰‧凱因斯導師打斷了大家的思緒：「我知道，在座的大多數人都認為人口是經濟的負擔，畢竟大家已經上過馬爾薩斯的課了。但我想告訴大家，看事情一定要全面。人口在某種程度上確實是負擔，但它也可能會變成財富。」

約翰‧凱因斯導師講解了人口對經濟的負面作用，他有點嚴肅地說道：

「人口過度成長對經濟有阻礙作用，這一點在全球範圍內已經基本形成共識。中國也因為認識到這一點，成功地實行了計劃生育政策，使該國人口的成長速度不斷降低，成長率趨於平緩。」

約翰‧凱因斯導師還告訴學生們，有經濟專家對於人口成長問題得出了研究結論：當人口成長率每降低 0.1 個百分點，人均國內生產毛額成長率就能提高 0.36 ～ 0.59 個百分點。

約翰‧凱因斯笑道：「儘管該資料模型的建立及相關結論尚待進一步驗證，但從定性的角度來看，中國的計劃生育政策確實可以有效地控制人口過度成長，進而對國民經濟產生推動作用。人口自然成長率只要降低幾個千分點，就能明顯地促進人均國內生產毛額成長。」

「而且，人口數量還在耕地面積、淡水、海洋捕撈、森林、物種多樣性、氣候、能源、就業、收入、住房、教育等方面產生重大影響。」

約翰‧凱因斯導師告訴學生們：「像巴基斯坦、伊朗等人口成長飛快的國家，其人均耕地面積已經減少了一半！」

一些忽視人口成長和忽視計劃生育的非洲國家，已經開始嘗到人口劇增帶來的苦果。他們被就業問題和受教育問題困擾著。而那些人口成長很慢的開發中國家，其經濟發展卻飛快，其中包括韓國、中國、印尼和馬來西亞等。

由於世界人口的過度成長，很多草原和森林開始受到威脅，大面積的草原和森林開始退化，人口問題還導致了大量的海洋漁業資源枯竭。（如圖 7-7 所示）

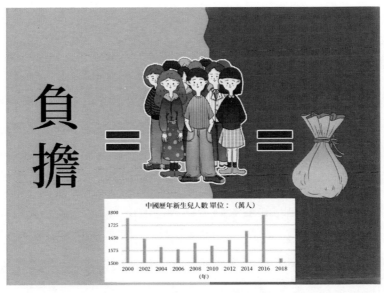

圖 7-7 中國對於人口數量的控制

在全球 15 個主要海洋漁業區中，就有 11 個漁場捕撈量急遽下降，嚴重阻礙了該行業的發展。

約翰·凱因斯導師嚴肅地說：「所以，如果世界各國不能抑制人口劇增，不能讓經濟可持續發展，不能控制人口成長軌道的話，經濟的衰退將是不可避免的！」

大家都露出一副嚴肅而沉重的表情。約翰·凱因斯導師停頓了一下，換了輕鬆的語氣：

「那麼，是不是只要人口不成長，甚至是負成長，就有利於經濟的發展呢？」

學生們有些疑惑，難道不是嗎？人家不是都說，已開發國家的人口都是負成長嗎？

王羽軒也隱約記得某研究報告上寫道：在 21 世紀中葉，中國的人口將控制在 16 億以內，並順利實現零成長，然後開始緩慢下降……這將為中國提供良好的人口環境。

「人類發展的歷史，說到底仍是人類經濟發展的歷史。」約翰‧凱因斯導師摸了摸自己的頭髮說，「人口和經濟問題始終貫穿於社會發展的每一階段，並且會一直伴隨著社會發展。對於經濟發展來說，過度的人口成長是不利的，但人口成長如果過於緩慢，甚至到了負成長的境地，也是不利於經濟發展的，所以，經濟的健康發展需要適度的人口。」

要注意的是，這裡的適度人口是指經濟適度人口。約翰‧凱因斯導師解釋道：「換句話說，就是從人口變動和經濟發展、資源供給、生態環境承載力之間的制約關係出發，尋找最佳的人口成長方式，需要有一個適度的人口規模以達到經濟協調發展的最佳目標。」

王羽軒點了點頭，確實，人口的適度成長也很重要。像美國、歐洲和日本等已開發國家，他們的發展軌跡就是受到人口與經濟相互影響的，近年這些國家經濟發展停滯與他們的人口成長緩慢有著直接的關係。

人口成長緩慢，必然導致人口高齡化嚴重，越來越多的老人只會讓社會生產和消費陷入枯竭，進而徹底摧毀經濟發展的活力。照此情況看，保持適度的人口成長，才能對一個國家的經濟可持續發展造成促進作用。

約翰‧凱因斯導師說：「所以，我們暫時可得出這麼一個結論：因為世界各國各自的經濟發展水準不一樣，所以各國的人口素養及工作生產力等皆不相同，適度人口規模和適度人口成長水準也都不一樣。但如果人口成長規模偏離了適度成長速度，不論是劇增還是負成長，都會對經濟發展

起阻礙作用。

「所以，國家一定要對人口做好調控，這樣才能讓經濟更好地發展，而這也將是國家對經濟進行宏觀調控中的一個最容易被人忽略的領域。好了，各位，今天的課程就到這裡了。」約翰·凱因斯笑著對大家揮揮手。

學生們很捨不得約翰·凱因斯導師，他們還想再學點知識，於是大家紛紛挽留他。約翰·凱因斯導師神祕地笑了：「親愛學生們，請記住我的話，下一堂課，你們一定會感到驚喜。」

大家都迷茫地看了看彼此，然後用感激又期待的掌聲，送走了這位偉大的經濟學家。

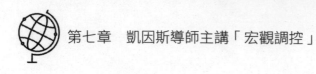

第八章
馬克思導師主講「剩餘價值」

本章透過四個小節，講解了馬克思的剩餘價值理論。馬克思認為，這是「政治經濟學原理」的內容，而且是「精髓」，後來的人可以在這個基礎上繼續研究。馬克思認為資產階級的滅亡和無產階級的勝利是同樣不可避免的。他和恩格斯共同創立的馬克思主義思想，被視為全球工人階級為實現社會主義和共產主義理想所使用的理論工具和實踐指南。

卡爾・海因里希・馬克思

Karl Heinrich Marx，1818.5.5-1883.3.14，馬克思主義創始人之一，也是第一國際的組織者和領袖，被譽為全球勞工階級和工人運動的革命導師、無產階級的思想領袖，以及國際共產主義運動的先驅。

馬克思的主要著作有《資本論》、《共產黨宣言》等。馬克思廣為人知的哲學思想為歷史唯物主義，主張個人應有全面自由的發展。馬克思創建了重要的經濟理論，其中《資本論》是他最偉大的著作之一，並確立了他的闡述原則為「政治經濟學批判」。

第一節　什麼是剩餘價值？

自從王羽軒聽完約翰・凱因斯導師的課後，他就一直保持著極大的好奇心。約翰・凱因斯導師說的驚喜，究竟是什麼呢？

抱著這樣期待的心情，王羽軒終於熬到了週六。這一天，王羽軒幾乎什麼東西都沒吃，一心期盼著晚上的課程。今天會是哪位導師來講授經濟學呢？能讓所有人都驚喜的導師究竟是誰？就在這混亂的思考中，王羽軒來到了學校的夜間大禮堂。

終於，十二點的鐘聲敲響了。王羽軒和其他學生都坐直了身子，瞪大眼睛望著講臺。在大家的強烈期盼下，一位長著花白鬍子的老者緩緩走上了講臺。

這位老者的頭髮和鬍子很茂盛，全都是白色的，他的額頭很寬，眼睛透著詼諧和智慧的光芒，他的嘴角帶著微笑，笑意盈盈地看著臺下瞪目結舌的學生們。

天啊，竟然是……

「您……您是馬克思先生！」一個男生結結巴巴地說出了這個名字，頓時，整個禮堂沸騰了。

怪不得約翰‧凱因斯導師在講「有沒有完全自由市場」時，會向幕後笑一下，原來馬克思導師就在幕後呀！王羽軒興奮地想。

馬克思導師說道：「各位在座的學生，大家好，我是馬克思，我很高興能給你們上課。」

大家紛紛鼓起掌來，馬克思導師微笑著說：「今晚，我要為各位講授的經濟學理論是剩餘價值。請問各位，有誰知道剩餘價值是什麼嗎？」

「就是剩餘的價值呀？！」一個男生壯著膽子說道。馬克思導師和其他學生哈哈大笑起來，馬克思導師說道：「哈哈，剩餘價值不僅指原本的價值有剩餘，還可以指超過原本價值的部分！」

馬克思導師將剩餘價值的標準定義告訴了大家 —— 工作者所創造的，超過自身及家庭需要的那部分價值，就被稱為剩餘價值。

馬克思導師舉了一個例子：「如果一名工作者創造的價值，還不夠或剛好滿足自身和家庭的需要，沒有一點超過的部分，那他就沒有創造出剩餘價值來。也就是說，如果工人創造的價值沒有其薪水多，那他就沒有創造出剩餘價值。」

馬克思導師介紹道：「關於剩餘價值的定義，經過仔細考察其出現的各種場合，我們發現它並不統一，至少有兩種。」

馬克思在黑板上寫下這樣兩段話：

第一種是從價值創造者角度來說的，「剩餘價值」是與「自用價值」相對的概念。

也就是說，如果一個工人每個月能製造出 20 臺產品，但是他只製作

了 15 臺，卻拿著 20 臺產品的薪水，那他就沒有創造出剩餘價值；如果廠長只給他 20 臺產品的薪水，卻讓工人製造出 30 臺產品，那 10 臺產品就是工人的剩餘價值。（如圖 8-1 所示）

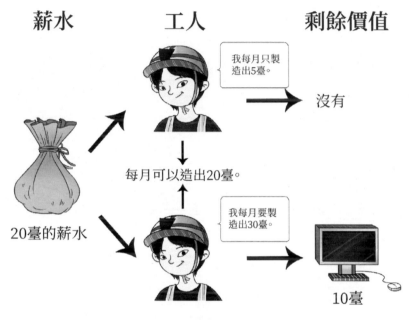

圖 8-1 剩餘價值

第二種是從價值載體的角度來說的，它是與「自用價值」相對的概念，是指物品經利用後所剩餘的價值。這種含義不如第一種含義常見，但在人們的日常生活中也經常會出現。

比如曾經有一篇報導稱，有人因回收「電子垃圾」再利用而取得了良好效果。例如印度某位男子，用電子垃圾組裝成了一輛摩托車，並聲稱自己是在利用垃圾的「剩餘價值」。顯然，這裡的「剩餘價值」並不是指工作者所創造的，超過自身及家庭需要的那部分價值，而是指物品被利用後還能再利用的價值。

　　王羽軒點點頭，他也經常聽到有人把「水資源再利用」稱為「利用水的剩餘價值」，或者把「廢物利用」稱為「利用物品的剩餘價值」。因此，這裡的「剩餘價值」也可以指物品經過利用後所剩下的價值。

　　馬克思導師說：「剩餘價值的新舊兩種解釋在本質上是一致的，區別僅在於：我站在與資本主義相對的立場上，分析資本主義社會剩餘價值生產的實質，揭示了資本主義生產的本質；而後來的人在這基礎上，使用更廣泛的概念解釋剩餘價值，具有普遍適用性，可解釋一切與『自用價值』相對的剩餘價值。」

　　馬克思導師說：「我所說的剩餘價值是指在資本家僱用工人時，工人所創造出的超過其勞動力價值的價值部分，也就是資本家從工人無償占有的那部分價值。剩餘價值是工人剩餘勞動所創造出的價值，這同時也展現了資本家和工人之間的『剝削與被剝削』關係。」

　　在馬克思經濟學理論中，剩餘價值考察的是工作過程當中的「價值增殖」。當然，此「增殖」非彼「增值」，但「價值增殖」決定了經濟領域中的價格和利潤的成長活動。

　　關於剩餘價值理論，馬克思給出了評論：「我之前和之後的經濟學家們都犯了一個錯誤，他們沒有就剩餘價值的形式，或剩餘價值本身來考察剩餘價值，只就利潤和地租這些特殊形式來考察剩餘價值。因此，一定會產生理論上的錯誤。」

　　「講完剩餘價值，我們接著來討論一下資本主義。大家都知道黃金時代吧？」馬克思導師笑著問道。

　　學生們聽到黃金，都睜大了眼睛，但是誰也不知道黃金時代是什麼意思。王羽軒若有所思地問：「您是指資本主義的那兩個黃金時代嗎？」

　　馬克思導師讚許地點點頭，對王羽軒的回答表示肯定：「沒錯，黃金

時代是資本主義得以高速發展的兩個時期，而這兩個時代就是建立在工人大量產出剩餘價值的基礎上。下面，我就為各位講解一下。」

第二節　資本原始累積是血腥的嗎？

馬克思導師說道：「在資本主義經濟史上，出現過兩個『黃金時代』，第一個是 1850 ～ 1914 年出現的黃金時代；第二個是 1950 ～ 1973 年出現的黃金時代，在此期間，發達資本主義國家國民生產總值年均成長率為 4.9%，對於一個國家而言，這已經是一個非常驚人的發展速度了。」

馬克思導師有些沉重地問：「但是，我有個問題想問大家，黃金時代資本主義經濟的高速發展造就了早期的資本原始累積，請問，這種資本原始累積的方式是血腥的嗎？」

大家聽到馬克思導師沉重的聲音，就知道答案是肯定的，但原因是什麼呢？

看到大家變得有些沉默，馬克思導師主動地回答了自己提出的問題：「這當然是血腥的，尤其是第一個黃金時代。到了第二個黃金時代，經濟的高速發展有了其他原因，例如福利制度的推行和第三次工業革命的推動，但發展的核心依然是血腥的國家壟斷資本主義。」

王羽軒倒吸一口涼氣，因為他記得阿爾弗雷德‧馬歇爾導師曾經說過，壟斷資本主義就是帝國主義，既然是帝國主義，看來其資本累積的血腥是在所難免了。

果然，馬克思導師講道：「在第一個黃金時代，資本家瘋狂地榨取工人們的剩餘價值，這已經是不可否認的歷史了，那個時期的工人階級除了枷鎖已經沒有什麼好失去的，但在第二個黃金時代，資本主義的暴力和殘

酷被掩蓋成了國家壟斷主義。國家壟斷主義是資本主義發展的最高階段，它是在資本主義生產力和生產關係的矛盾進一步發展的基礎上，在生產和資本加速集中的過程中，於 19 世紀末 20 世紀初形成的。」（如圖 8-2 所示）

經濟學家語錄：
國家壟斷是資本主義發展的最高階段，但其本質仍然是血腥的掠奪。

圖 8-2 國家壟斷

馬克思導師說道：「1873 年的世界經濟危機，象徵著資本主義制度開始從『自由競爭階段』向『壟斷階段』過渡。在 19 世紀的最後 30 年間，技術革命及由此引發的重工業經濟的巨大發展，為經濟向壟斷資本主義過渡奠定了物質基礎。」

王羽軒知道，在工業革命期間，資本主義國家以電力的發明和使用為主導，誕生了托馬斯煉鋼法、蒸汽渦輪、內燃發動機、發電機、馬達、電燈、電車、電話、無線電等一系列新技術和新設備。

而這些新技術和新設備的開發利用，讓傳統的重工業部門，如冶金、採煤、機器製造等快速地發展起來，並興起和建立了一系列新興部門，比如電力、化學、石油、汽車和飛機製造等，這也促進了工業生產的迅速成長。

馬克思導師說道：「金融資本和金融寡頭在資本主義國家內部進行統治，這也加劇了政治矛盾和經濟矛盾，加強了壟斷資本的對外擴張，讓世界體系不得不向資本主義靠攏。」

「資本輸出是帝國主義國家進行擴張的重要手段，是用資本對世界其他地區進行剝削和統治的前提。」馬克思導師無奈地說，「資本輸出早在資本主義進入壟斷階段之前就存在了，但只有到了資本主義壟斷階段，它才具有重大意義。」

馬克思導師解釋說，一小部分富有的資本主義國家，由於壟斷資本對國內外人民的剝削和掠奪，加上對生產和市場的控制，累積了大量「過剩」資本。這時，他們就會把一些落後國家捲進資本主義市場，因為那裡具備投資條件。

馬克思導師列舉了一些資料：英國、法國、德國和美國這 4 個國家在 1875 年進行的國外投資大約有 350 億德國馬克，到 1913 年的時候增加到 1,590 億德國馬克，增加了將近 4 倍。（如圖 8-3 所示）

圖 8-3 資本主義國家瓜分世界

在這當中，英國和法國是兩個主要資本輸出國，1913 年英國輸出資本達到 750 億德國馬克，法國輸出資本也有 360 億德國馬克。其中，英國又是最早的資本輸出國，早在 1855 年，英國就有 100 億德國馬克的國外投資了。

「當然，英國和法國的資本輸出地區與方式不同，」馬克思導師解釋道，「英國資本輸往殖民地和半殖民地，主要採取生產資本，即直接投資的形式。而法國資本絕大部分投放在以俄國為主的歐洲，並採取借貸資本，即間接投資的形式。」

馬克思導師接著說：「我出生的國家 —— 德國，其對外投資開始得較晚，在 1875 年的時候只有 20 億德國馬克，但在 1913 年就達到了 350 億德國馬克，已經接近了法國水準。德國的投資半數在歐洲，其餘分布在南美洲、亞洲和非洲。」

「而這一時期，美國正在進行西部領土的擴張，使自己擁有廣大的國內投資市場，其資本輸出數量不大，1913 年大約為 130 億德國馬克。」馬克思導師接著說，「至於俄國和日本，在 20 世紀後也有少量的資本輸出，主要是對中國的投資。」

馬克思導師說道：「各國壟斷組織一方面竭力利用國家政權實行高額關稅政策，建立關稅壁壘，限制外國商品輸入，保持國內壟斷價格；另一方面，利用傾銷政策，衝破其他國家的關稅壁壘，把大量商品輸出國外，占據國外市場。」

王羽軒學過歷史，他知道從那以後，葡萄牙、西班牙、荷蘭、英國、法國和俄國先後走上了殖民掠奪的帝國主義道路。

馬克思導師接著說：「在這樣的發展模式下，亞洲和拉丁美洲落後地區的許多國家，都成為帝國主義的半殖民地或附屬國。到此時，世界領土

基本上被帝國主義國家瓜分完畢，這也讓資本主義囊括了全世界，形成了世界性的資本主義體系。」

在這個體系中，一邊是對殖民地、半殖民地進行剝削和壓迫的帝國主義國家，另一邊則是受到剝削和壓迫的殖民地、半殖民地，它們占世界人口的大多數，也是帝國主義賴以生存和發展的重要基礎。

資本主義國家之間，在經濟和領土瓜分問題上發展不平衡，這也導致了 1914 年爆發第一次世界大戰，世界大戰就是帝國主義重新分割世界的產物。

馬克思導師沉重地說：「這種資本累積雖被稱作黃金時代，卻是建立在殖民地、半殖民地人民的血淚上的，是確確實實的血腥時代。而這一時期，國家壟斷資本主義對本國勞工的剝削也沒有絲毫減弱。那麼，各位誰能告訴我，在這種經濟結構下到底是誰剝削了勞工階級呢？」

「當然是資本家！」學生們紛紛說道。馬克思導師笑著說道：「下面我來給各位詳細講解一下，究竟是誰剝削了勞工。」

第三節　資本家是如何剝削勞工的？

馬克思導師環顧臺下，說道：「我有個問題想問各位，資本家的財富一直源源不斷地上漲，這究竟是什麼原因呢？他們發財致富的祕密到底在哪裡呢？」

看到大家茫然的表情，馬克思導師接著講解道：「各位都知道這樣一個道理 —— 社會上的一切財富，都是無數工作人民靠工作創造出來的，無論機器設備也好，礦山油田也好，如果沒有人民的辛勤工作，它們本身是創造不出財富的。我說得對嗎？」

學生們紛紛表示贊同。

馬克思導師接著說：「如果沒有工人發動機器，機器就不可能生產出產品讓資本家賣出；如果沒有工人開礦，礦產只能埋在土裡，不會為資本家生出一分錢。」

「至於錢，如果資本家不拿它們作為資本僱用工人，只是把錢鎖在櫃子裡，也肯定不會給資本家們帶來一分錢利潤，不是嗎？」

王羽軒點點頭，確實，資本家數不清的財富，包括他們吃、穿、住、用、行，無一不是勞工所創造的，資本家就是靠剝削勞工發的財。

馬克思導師接著說：「資本家害怕事情的真相被拆穿，於是紛紛說自己『給』工人的薪水，就是他們的工作報酬，說自己沒有剝削工人；有的資本家甚至認為，工人做工，他們『給』了薪水，這完全是『公平交易』，所以沒有剝削工人。」

馬克思導師情緒有點激動，他問道：「薪水難道真的是工人工作的報酬嗎？薪水真的是資本家『給』工人的嗎？工人拿了薪水，就意味著沒受到剝削嗎？」

這連續的三個問題把學生們問蒙了，大家的情緒也受到了感染，義憤填膺地說：「不！當然不是。」

馬克思導師大聲說道：「薪水當然不是工人的工作報酬！而是工人被迫出賣勞動力的一種價格；它更不是資本家『給』工人的，它只是工人自己用工作創造出來的財富中的一小部分，資本家就是用『付薪水』這種手段來剝削工人的！」

馬克思導師平復了一下自己的情緒，然後講道：「讓我們先來看看，資本家是如何拿『付薪水』當外衣，來掩蓋他們剝削勞工的本質吧！」

大家有些疑惑。是啊，勞工為資本家工作，資本家付了薪水。乍看之下，一個工作一個付錢，好像勞工已經得到了報酬，看不出有什麼受剝削的地方。

馬克思導師彷彿看出了大家的想法，一針見血地說道：「問題就在這裡：勞工為資本家做了多少工作？資本家付給了勞工多少錢？」

王羽軒恍然大悟，因為資本家花了很少的錢買下勞工的勞動力；而勞工創造的價值，卻比他獲得的勞動力價格多很多！

馬克思導師說道：「資本家標榜說這是『公平交易』，那真是百分百的胡說，其實，這是最不公平的買賣。只要舉個例子，各位就能看得很清楚。」

某個資本家開了一家服裝工廠，他讓廠裡的工人每天工作 10 個小時，每個工人每天能生產 1 件衣服，薪水是每天 20 元。

可是，工人每天用 10 小時生產的 1 件衣服，按照市面上的價格能賣到每件 1,000 元，扣掉做 1 件衣服所花費的各種成本，算上機器和工具損耗等，大概是 100 元，還剩下 900 元的純利潤，這就是每位工人一天創造的價值。

每個工人每天花 10 小時創造了 900 元的價值，但自己只能拿到每天 20 元的薪水，剩下的 880 元都被資本家剝削走了。

換句話說，每個工人每天做 10 小時的工作，創造了 880 元的價值，而他獲得的 20 元薪水，只要他工作 10 多分鐘就能得到，剩下的 9 小時 50 分鐘，都算是給資本家白做的工作。（如圖 8-4 所示）

馬克思導師氣憤地說：「從表面上看，資本家並沒有束縛工人的自由，而工人跟資本家的關係，好像只是自由的勞動力買賣關係，誰也沒有強迫誰。可是，如果我們透過現象看本質，就會發現這種『自由』只是騙人的鬼話。」

圖 8-4 剝削被剝削

馬克思導師無奈地說：「在資本主義制度下，勞工只有貧窮的『自由』，只有失業的『自由』，只有低價出賣自己勞動力的『自由』。而資本家卻拿『自由』當幌子，掩蓋自己極其野蠻、殘酷的剝削行為。」

王羽軒懂了，資本家們所謂的「自由」，就是用一根看不見的繩索，將勞工們綁得死死的，強迫他們不得不「自由」地把自己的工作上了貢，半賣半送給資本家們，然後繼續「自由」地忍受資本家的剝削。

延長工作時間是資本家最常用的手法。資本家們常常將勞工的工作時間延長到 12 小時、14 小時甚至更長。為了多多壓榨勞工的剩餘價值，資本家們恨不得讓勞工每天做 24 小時的工作。

王羽軒知道，現在有些黑心的工廠，工人每天最少要工作 12 個小時，有的甚至要加班到 18 個小時，但是薪水卻只能解決溫飽。

馬克思導師說道：「現在，我們已經把資本家發財的祕密揭開了，也明白了是資本家在剝削勞工，用剝削勞工的手段，在剩餘工作時間裡，將勞工所創造的剩餘價值全部榨乾，然後讓自己發財致富。」

一個男生舉手提問：「既然資本家是靠剝削勞工剩餘價值發財的，那麼，勞工的剩餘價值越大，資本家的財富越多？」

「一點兒也沒錯。所以，資本家們總是想盡辦法剝削勞工們的剩餘價值，因為他們的目的就是多賺錢，發大財。」馬克思導師笑著肯定了這位男生的問題。

馬克思導師又問：「各位，誰能告訴我，沒有剝削的世界究竟是什麼樣的？」

大家紛紛發言，有的說是「大同社會」，有的說「人人平等」。馬克思導師溫和地說：「實現這種社會需要一個長久的過程，需要你們不斷努力探索。那麼，在資本主義世界中，沒有剝削的國家真的存在嗎？」

第四節　剝削是件很可怕的事情嗎？

馬克思導師望著一臉好奇的學生們，笑著說道：「從迄今為止的資本主義社會歷史來看，沒有剝削的世界是不存在的。」

看著大家的神色，馬克思導師露出一絲微笑，說道：「美國加州大學政治經濟學教授約翰・羅默提出這樣一個概念，叫『社會必要剝削』。我們今天就這個觀點一起探討一下。就西方世界來說，假如取消某種剝削形式，讓社會組織形式發生改變，反而讓被剝削的族群處境更糟。所以，在這種情況下的剝削形式就是『社會必要剝削』，而且，在社會主義發展的初期階段，『社會必要剝削』也是必經之路。」（如圖 8-5 所示）

經濟學家語錄：
在某種程度上，剝削對於社會經濟發展也是很必要的。

圖 8-5 剝削與社會經濟發展的關係

　　王羽軒把馬克思導師的話整理了一下：也就是說，如果剝削被消除之後，被剝削的人們反而獲得更少的消費品，這類剝削就有其存在的必要性。

　　馬克思導師強調道：「『社會必要剝削』概念是指階級社會下的一種剝削方式，是由於財產關係所導致的。財產關係下的剝削是階級社會經濟發展不可或缺的機制，也是『一般剝削理論』中的重要組成部分。」

　　大家都被馬克思導師像繞口令一樣的話語搞暈了。

　　馬克思導師認真地說：「在階級社會中，剝削之所以可以促進經濟發展，是因為剝削的存在往往能夠刺激生產的積極度。例如，一個人僱用十個員工生產鞋子，但如果將賣鞋子所賺的錢全部給員工，讓這個人沒有剝削到絲毫剩餘價值，那他無疑是不會做的。所以，把剝削徹底消除的話，生產的熱情也就很難被激發了。

　　「而且，消除剝削直接導致的後果是沒有能代替的合理的資源分配機制，如果技術和產品生產的積極性喪失，就會讓社會的總產量下降，繼

而引發整個階級社會中所有族群的生活品質下降。」馬克思導師進一步解釋。

聽到這裡，大家紛紛點頭，確實如此，如果沒有利潤，也就不會有人辛苦去創辦企業了，沒有企業，社會經濟必然停滯不前。

馬克思導師說道：「大家還要進一步分清楚兩種社會必要剝削 —— 靜態社會必要剝削和動態社會必要剝削。」

馬克思導師在黑板上寫下了這樣一段話：所謂「靜態社會必要剝削」，是指如果某種剝削消失，會讓整個社會經濟無效，繼而導致被剝削階級的生存狀況更加退步。

馬克思導師解釋說：「換一種方式講。在時間上，剝削關係的取消和被剝削階級生活退步是同時發生的，這種剝削就被稱作靜態社會必要剝削。」

接著，馬克思導師舉了一個例子：譬如，有一個政府在國內實施了「激進社會改革」，消滅了城市，取消了貨幣，甚至取消了家庭。的確，它們消滅了剝削關係，但同時也讓經濟發展賴以生存的社會生產力一併消失了。

馬克思導師接著講道：「與之相對應，動態社會必要剝削指的是，如果一種剝削狀態被取消後，不會立刻導致被剝削階級的生活水準下降，反而會阻礙其他因素，如技術水準等的發展，可能使被剝削階級的生活水準甚至有提高的趨勢，但最終他們的生活水準還是會隨著時間逐漸下滑，這就是動態社會必要剝削。」

在時間點的同時性上，動態社會必要剝削與靜態社會必要剝削有所不同。

馬克思導師笑著說：「雖然我很抵制剝削階級，但不得不說，社會必

要剝削還是要有的，否則就會造成經濟崩潰，讓老百姓過得更苦。」

馬克思導師舉了個例子：

從表面上來看，資本家要壓薪水，勞工要漲薪水，兩者各執一詞是永遠不能達成一致的。

但因為勞資雙方是對立的，而且任何一種價格都是供需雙方對立的，只不過對立的雙方能夠獲得一種平衡，從而完成交易，所以最終的結果是雙方雖然都不滿意，但總能夠達成一個平衡。（如圖 8-6 所示）

圖 8-6 資本家與勞工的薪水賽局

馬克思導師說道：「這裡有一個最普通，又最不易被接受的基本道理：一切交易之所以能夠成交，是因為雙方對同一物品的估價不同。」

王羽軒知道，如果賣方對產品估價過低，而買方又對產品估價過高，那產品就會由估價低的一方轉移到估價高的一方。如果此時，還不能達成

雙方同意的價格，就說明買賣雙方需要互換角色：買方應該變為賣方，賣方應該變為買方。

馬克思導師繼續將話題引入國際貿易當中，他笑道：「在國際貿易中，這種現象也十分常見。如果一種商品的進口不能賺錢，那就很可能要透過出口賺錢。」

「此時，如果我們將勞動力視為一種商品，那麼，一個國家在國際上的勞動力輸出也可以看作必要剝削，」馬克思導師解釋道，「一個國家對己方勞動力的估價，必定低於國外對勞動力的估價，否則工作協議不可能達成。」

王羽軒點點頭，當然，國家在出售勞動力的時候，儘管也希望能提高己方勞動力的價格，但由於國際上還有其他出售勞動力的競爭國，這讓它們不得不客觀地設定自己的價格。

就像馬克思導師說的那樣，如果這個國家設定的價格底線，遠遠高於國外願意給出的價錢，那這筆買賣就做不成。當然，這個國家能到別的國家去尋找機會，但結果是一樣的，只有它設定的價格底線等於或低於對方願出的價格時，它的勞動力才會被僱用。

馬克思導師接著講：「我們把話題再放到資本家與工作者這裡，同樣的道理也適用於資方。資方對購買的勞動力的估價必須高於出售方的估價，否則他不可能請到合適的工人。他必須考慮到其他勞動力買方的出價，客觀地設定自己願意出的價格。」

王羽軒明白了，在眾多買方和賣方的競爭下，沒有任何一方可以單獨掌握價格設定的權力。市場最終的價格是由供給量和需求量的均衡點所決定。當需求超過供給時，價格會上漲；當供過於求時，價格就會下降。買賣雙方在市場競爭中都有各自的機會。

「此外，在資本主義發展到一定階段之後，貧富分化也不完全是因為剝削而產生的，更多是因為競爭而產生的。」馬克思導師解釋道，「經濟是不能沒有競爭的，因為共享一大鍋飯的行為是沒有效率的。」

馬克思導師說道：「如果既想保持競爭，又想避免貧富分化，比較理性的方式就是政府向社會各階層徵收不同比例的所得稅。然後，政府再用這筆錢在民間興辦福利事業，讓財富在社會上得到合理的分配，這種手段是可靠並最容易實現的。」

馬克思導師笑意盈盈地說道：「好了，我關於剩餘價值的經濟學課程今天就告一段落了，希望大家能在我的課堂上有所收穫！也希望大家記住，剝削始終是一個歷史性的概念。」

大家正聽得津津有味，感覺馬克思導師的課程太過短暫了。

馬克思導師神祕地說：「下堂課的導師是位很有魅力的導師，你們一定會喜歡他的，敬請各位期待吧！」

在學生們不捨的挽留聲和熱烈的掌聲中，這位對世界影響深遠的思想家緩緩走下了講臺。

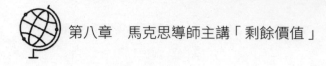第八章　馬克思導師主講「剩餘價值」

第九章
馬歇爾導師主講「競爭」

本章透過四個小節，講解了阿爾弗雷德·馬歇爾的競爭經濟學理論。馬歇爾努力將經濟學從人文科學和歷史學科的一門必修課發展成為一門獨立學科，且令其具備了與物理學相似的科學性。在他的影響下，劍橋大學建立了世界上第一個經濟學系。對競爭經濟感興趣的讀者，本章是不可錯過的部分。

阿爾弗雷德‧馬歇爾

Alfred Marshall，1842.7.26-1924.7.13，近代英國最著名的經濟學家，他創立了新古典學派，並擔任劍橋大學經濟學教授。他在 19 世紀末和 20 世紀初是英國經濟學界最重要的人物之一。

阿爾弗雷德‧馬歇爾主要著述有《對外貿易的純理論與國內價值的純理論》、《工業經濟學》、《馬歇爾官方文獻集》、《經濟學原理》、《經濟學精義》、《關於租金》、《分配與交換》、《創建經濟學和有關政治學分支課程的請求》、《經濟騎士道精神的社會可能性》、《戰後的國家稅收》、《工業與貿易》等。

第一節　不自由市場上的競爭

轉眼又是一週，但王羽軒卻覺得馬克思導師的課程好像就在昨天。走在路上，他經常會突然笑出聲來，只因為想到了馬克思導師舉的經濟學例子。看著王羽軒的樣子，大家紛紛上前詢問他是不是發燒了，但他只是神祕地笑一笑 —— 只有自己和小部分同學知道，每週六午夜，學校大禮堂的課程有多精彩！

「今天會是哪位導師呢？」王羽軒心裡暗暗想著。

午夜一到，王羽軒邁著輕快而激動的步閥，向學校大禮堂走去。

轉眼，十二點的鐘聲響起，王羽軒按捺住內心的激動，靜靜地等著講臺上導師的出現。

這時，講臺上緩緩走上來一位白髮蒼蒼的老者。他的額頭很寬，蓄著發白的紳士八字鬍，臉上布滿皺紋，只有一雙眼睛透著幽默和銳利。

「大家好，咳咳，」白髮老者輕咳了兩聲，「我是各位今日的講師，我叫阿爾弗雷德‧馬歇爾。」

「您是阿爾弗雷德‧馬歇爾導師！」一位男生很激動，看來阿爾弗雷德‧馬歇爾導師是他的偶像無疑了。王羽軒也坐直了身子，他知道，阿爾弗雷德‧馬歇爾是近代英國最著名的經濟學家。看來，今天又有一場精彩的講解了。

馬歇爾導師說：「今天，我們來講一個非常有趣的名詞——不自由市場。所謂不自由市場，就是競爭受到限制的市場，在這樣的市場中，競爭的出現可能會威脅到某方的利益，不論是賣家、買家，還是整個市場的利益。舉個例子，除了那些狂熱分子，沒有人會支持生化武器自由交易的市場。」

馬歇爾導師喝了口茶，繼續說道：「在之前的課程裡，大家應該已經了解了自由市場的定義。然而在現實當中，大多數資本主義國家的市場制度並不一定完全符合自由市場的定義，即使是資本主義最發達的國家之一——美國，也會對市場進行一定程度的干預，因此也造成了市場的不自由現象。當然，根據經濟自由度指標，世界上也有一些對市場干預程度較少的國家或地區。」

「從本質上來說，完全的資本主義就是一個從事貿易活動的自由市場，因為它只受供需關係的支配，並透過市場競爭保持正常運轉。買賣雙方所形成的關係，將決定商品或服務的最終價值，以及市場的健康程度。」馬歇爾導師說道。

王羽軒點點頭，密爾導師已經講過，需求旺盛且供給充足的市場就是健康市場。創造財富的原因就是消費者有錢消費，而且商家也有能力生產、銷售更多商品，從而讓社會各階層都受益。

馬歇爾導師接著說：「但是，激烈的市場競爭會讓企業不擇手段地實現利潤最大化。」（如圖 9-1 所示）

經濟學家語錄：
激烈的市場競爭會讓企業不擇手段地實現利潤最大化，其中一個最重要的手段就是壟斷。

圖 9-1 壟斷

他轉身在黑板上寫下這樣一行字：

企業試圖實現壟斷 ── 獨自控制某種商品或服務 ── 實現利潤最大化

他解釋道：「這樣一來，市場需求就不能決定商品或服務的價格，因為會出現壟斷企業；壟斷企業會將勞動者的薪資降到最低水準，也只會在需要吸引消費者時才採取安全和品質管理等措施。」

大家已經開始意識到，如果真的出現這種情況，那麼自由市場就開始變得不自由。因為大企業在激烈的競爭中，會憑藉自己在資本和規模上的優勢不斷吞併和排擠中小型企業，把生產資源、勞動力都掌握在自己手裡，進而主導市場。

當壟斷企業發展到一定的程度，就意味著社會上其他企業的數量減少，於是出現了某一項產品都集中在少數幾個大企業手裡的情況，在這種情況下，它們之間很容易達成協議 ── 共同操縱生產和銷售，進而「餓死」其他的競爭者。

馬歇爾導師說道：「由於這些大企業的惡性壟斷，讓中小企業被迫退出市場，甚至還會出現少數大企業鬥得兩敗俱傷的局面。為了避免這種情

況，保證彼此都有利可圖，行業內的壟斷企業就會謀求彼此的暫時妥協，達成一定的協議，從而實現行業壟斷，使壟斷的情況更加嚴重。」

馬歇爾導師接著說道：「我知道，資本主義的弊端就是弱肉強食。放任市場自由競爭就會造成生產集中，而生產集中發展到一定程度，就必然會導致壟斷的產生，這是自由競爭下資本主義發展到壟斷型資本主義階段的一般規律，也是最基本的規律。」

「然而，」馬歇爾導師強調，「壟斷會導致市場不自由，同樣，政府過多地干預也同樣會導致市場不自由。」

阿爾弗雷德‧馬歇爾導師給大家舉了一個簡單的例子：

「在我小的時候，我家後方有一片蘋果樹林，我記得那些蘋果樹總是長不出果實，大家幾乎每天都要去給它澆水、施肥，但蘋果樹就是不結果。直到有一天，我發現了一片沒人看管的野蘋果樹林，那裡的果子又大又甜。這片野蘋果林很偏僻，只有一個管理員在沒雨的時候為它偶爾澆一點水，然後蘋果就生長起來了。而且，這裡的蘋果真的是又紅又大。」（如圖 9-2 所示）

圖 9-2 兩種市場

「相對於自由市場因為經濟原因而逐漸向不自由市場轉變，行政干預經濟直接就導致了不自由市場！」馬歇爾導師笑了笑，「為什麼在現實中會出現那麼多的詐欺拐騙事件呢？其中很大一部分原因就在於行政對經濟干預過多。」

馬歇爾導師解釋道，因為政府對市場干預過多，市場就沒有必要建立一個好聲譽，企業自由的優勝劣汰就不會存在。反過來，企業的不良行為又成了政府進一步干預的藉口。

馬歇爾導師聳了聳肩，說道：「如果市場出了問題，馬上用政府手段去解決的話，那麼這個市場的聲譽機制永遠都建立不起來，只能成為一種惡性循環。」

王羽軒贊同地點了點頭，政府干預太多的地區，其市場秩序一定是混亂的，這也催生了地方性壟斷，比如某市只出售當地品牌的啤酒，地方政府禁止其他縣市的啤酒流通進來。

「剛才我們已經提到了，市場過於放任和政府過多干預都會導致自由市場不自由。下面，我來為各位詳細講解一下競爭與壟斷的關係。」馬歇爾導師愉快地說道。

第二節　無法擺脫的競爭與壟斷

「實際上，競爭和壟斷是一對孿生兄弟，」馬歇爾導師似乎很喜歡這個話題，語氣也變得輕鬆明快，「有競爭的地方，就必然有壟斷，有壟斷的地方，也必然存在競爭。這個世界上沒有絕對的競爭，也沒有絕對的壟斷。」

馬歇爾導師這一段像繞口令一樣的話，讓在場的同學都笑了起來。他

接著說：「完全競爭就意味著沒有任何一家企業，或者沒有任何一個消費者能夠影響整個市場的價格。」

馬歇爾導師給大家舉了一個例子：「比如全球小麥市場就是完全競爭的。因為，即使是世界上最大的小麥農場，也只能生產全體小麥產量的一小部分，所以，最大的小麥農場也沒辦法影響小麥的全球價格。」

王羽軒連連點頭——的確，如果要把整個市場定義成世界市場的話，不用說小麥了，就連高度壟斷的汽車市場，也沒有單獨哪一家企業對整體市場的價格能有所影響的。

「然而，世界市場總會被無數的力量分割成無數個局部市場，」馬歇爾導師說道，「企業只要在某個局部市場中取得相對壟斷的地位，就一樣能夠攫取巨額利潤，所以人們所抱怨的壟斷都是相對壟斷。」

事實上，很多成功的企業都是靠著相對壟斷成長起來的。約翰·戴維森·洛克斐勒是 19 世紀的第一個億萬富翁，他的標準石油公司就是利用了當年美國西部煉油設施相對不足的機會而發展起來的。等到其他人看見煉油業有利可圖，想參與競爭時，已經晚了，因為洛克斐勒家族已經透過控製煉油成本控制了油價，進而構築起了行業壁壘，形成了壟斷產業。

不僅如此，洛克斐勒還利用自己作為鐵路運輸行業的最大客戶這一身分，威脅鐵路公司，禁止它們用其他煉油商的煤油，進而在鐵路運輸業中形成了燃料供應壟斷。

「但是，即便洛克斐勒的壟斷範圍擴展到了全美國，即便他成為美國乃至世界第一的石油壟斷巨頭，」馬歇爾導師強調道，「競爭仍然存在。」

不僅洛克斐勒懂得用壟斷攫取巨額利潤，其他企業也一樣看到了壟斷的高利潤。所以，凡是有競爭的地方就會有企業構築各種形式的壟斷，甚至在農貿市場裡也存在著價格壟斷。

大家一聽都暗暗咋舌，農貿市場裡怎麼壟斷呀？

　　馬歇爾導師笑道：「同樣是賣蘿蔔的，大家會發現雖然每個蘿蔔攤位在服務態度、稱重等細節上有所競爭，但連續十幾家的蘿蔔價都驚人的一致。」

　　「當然，世界性的蘿蔔市場很大，一個農貿市場的蘿蔔價格並不足以影響整個蘿蔔界。但在這個農貿市場裡卻只有十幾家競爭者，所以每個攤位都足以影響該市場內的蘿蔔價格，所以，這個農貿市場也不是完全的競爭市場，也存在壟斷行為，只不過是聯合壟斷。」（如圖 9-3 所示）

圖 9-3 蘿蔔市場上的聯合壟斷

　　「相對於單一企業的壟斷，聯合壟斷的成本更低，收益更大。在這十幾個蘿蔔攤位的聯合壟斷行為中，有一些主意多的蘿蔔攤販成為價格制定者，而另一些則成為價格追隨者。」

「不過，這些價格制定者卻經常違反自己制定的價格，他們會用較低的價格向消費者兜售蘿蔔，卻不允許別的攤主違反定價，這類人是農貿市場上的霸主。」馬歇爾導師詼諧地笑著說。

這讓王羽軒想到，有一次跟室友們去旅遊景點玩，想買一頂帽子。小販張口就要價 500 元，他們跟小販商量無果，打算去別的攤位問問，結果那個小販要別的攤位都不許低價賣帽子給他們，這讓王羽軒很憤怒。

實際上，由於蔬菜市場的利潤較低，一些精明的業者可能不願涉足，因此很少看到蔬菜市場上有霸主存在。然而，在水產市場上，由於利潤和風險較高，欺行霸市的行為非常普遍。

當然，即便霸主在某一行業內形成了世界性壟斷，這種壟斷也肯定不是絕對壟斷，因為各行各業間都存在著替代關係。

比如，石油、煤炭、水力、風力、核電等能源之間具有替代性；羊毛、羊絨、化學纖維、棉花、動物毛等紡織原料之間具有替代性；汽車、摩托車、自行車、飛機等交通工具之間具有替代性；米、麵粉、黃豆、玉米等糧食之間也具有替代性。

馬歇爾導師說道：「存在替代關係的行業都會構成相互競爭，目前為止，還沒有哪個單一企業能同時壟斷這麼多替代行業。因為在壟斷企業的內部，也存在著委外合約和各級權力的競爭。」

這些競爭會讓企業發生大規模的分裂或重組。從這個意義上，競爭確實沒有從壟斷行業中消失，而且永遠不可能消失，因為人與人的矛盾是不可能消失的，在壟斷行業內，每個人都追逐著屬於自己的個人利益。

馬歇爾導師強調：「競爭是當今時代的一個重要特點，任何了解競爭概念的人都應該明白：現今大多數國家的市場經濟中，企業已經透過競爭達到了高度的聯合壟斷程度，這也對所有人都產生了影響。」

「不過相對於聯合壟斷，單一壟斷對市場的傷害是比較大的，各位生活中也有很多因單一壟斷而產生的問題，這些問題給消費者帶來了很大的不便，有誰能舉個例子嗎？」馬歇爾導師笑著問道。

「有的！」一個男生把手舉起來，但隨後又把手放下了，自言自語道：「不對，我也不知道這算不算是單一壟斷行為……」

馬歇爾導師做了個手勢，示意他可以繼續講下去。

男生猶豫著說：「是這樣的，我在便當店裡買一份便當需要 60 元，但是火車上一份便當卻賣 120 元，而且菜的種類不能挑選。除此之外，火車上的水和食物都很貴，這算是一種壟斷嗎？」

「當然算，」馬歇爾導師立刻肯定了他的說法，「下面，我就來為大家詳細講解一下火車上的『天價便當』！」

第三節　單一壟斷帶來火車上的「天價便當」

馬歇爾導師此言一出，學生們紛紛倒起苦水來，很多人都有這樣的經歷：火車誤點，耽誤了吃飯的時間，自己也沒帶吃的東西。等到上車時，飯菜的香味撲鼻而來，讓人不得不下決心買一份天價便當。

馬歇爾導師告訴學生們：「產生單一壟斷的基本原因是進入障礙，也就是說，壟斷行業能在市場上保持『獨占地位』，其他企業不能進入市場裡跟它競爭。當然，單一壟斷並不一定是市場上只有一家企業，而是指某個企業或企業聯盟在市場上占據絕對的主導地位。」

「在火車上，肯定不會有飯店和超市跟餐車競爭，所以餐車就會將價格抬高。因為你不吃他的天價便當，就得餓肚子，你不吃，還有很多人要吃。」（如圖 9-4 所示）

圖 9-4 天價便當

　　臺下的學生們跟馬歇爾導師一起嘆了口氣，看來大家都吃過天價便當的虧。

　　馬歇爾導師接著說：「若想理解單一壟斷，我們首先要對壟斷進行深入的剖析。壟斷指少數大型資本家為了控制或共同控制某一行業的生產、銷售和經營活動，以獲取高額的壟斷利潤的一種聯合行為。」

　　在資本主義經濟的發展過程中，自由競爭造成生產集中，生產集中發展到一定階段就必然引起壟斷。當壟斷代替自由競爭在經濟生活中占據了統治地位，資本主義就必將成為壟斷資本主義。

　　形成壟斷的原因主要有三個。

1. **自然壟斷：**由於生產成本、技術等因素，一家企業比其他企業更有效率，變成市場上唯一的生產者，這也是最常見的壟斷形式。
2. **資源壟斷：**關鍵的自然資源或技術僅由一家或少數企業占有（例如石油產業）。

3. **行政性壟斷：**政府給予一家企業排他性地生產某種產品或勞務的權利。當然也有由政府自行壟斷，一般被人們稱之為專賣。

「我們在火車上買到的天價便當，其本質就是行政性壟斷。壟斷與競爭天生是矛盾的，」馬歇爾導師說，「由於市場缺少競爭壓力，加上缺乏強而有力的制約監督機制，導致壟斷行業的服務令人很不滿意，它們往往還會違背市場法則，侵犯消費者公平交易權和選擇權，所以火車上的便當往往賣得很貴，而且不好吃。」

王羽軒知道這是一條規律，不管在哪國都是一樣的。

馬歇爾導師接著說：「價格壟斷還會拉高整個社會成本，而壟斷性行業往往是和大部分人或行業息息相關的公共事業。」

馬歇爾導師舉例說，如電力、煤氣、鐵路、航空等。因為這些行業能夠滲透到社會的各個方面，所以這些行業的服務價格就關係到了整個社會的成本。這些行業的整體效率，也直接關係到一個經濟體或一家企業參與國際競爭的能力。」

馬歇爾導師繼續說：「一旦在市場中追求利潤，就會透過壟斷定價，把屬於消費者的利益轉移到壟斷者手裡，讓這些特權公司拿到遠高於市場價格的巨額利潤。結果就是提高了整個社會的競爭成本。」

一方面，壟斷行業能透過壟斷獲得高額利潤，但這也妨礙了效率的提升，並可能減弱其擴大業務的積極性；另一方面，行業壟斷也可能阻止其他企業或資金進入該行業，進而將利潤掌握在自己手中。

馬歇爾導師一針見血地指出：「投資不足，就會導致就業率下降，而消費相對疲軟，就是當前很多經濟狀況不好的國家的主要問題！」

王羽軒佩服地點點頭，因為曾有專家指出：當年在危機中造成世界金融投資不足的原因有很多，其中最重要的一點就是企業壟斷了大量高利潤

的行業。

壟斷會使得行業的效率下降，同時導致利潤失真，產生大量的浪費。此外，壟斷還會極大地抑制投資熱情，導致資本市場低迷，產生所謂的「資本罷工」現象。

「此外，壟斷還會滋生腐敗的毒瘤，尤其是行政壟斷。」馬歇爾導師無奈地說。

行政性壟斷由於有政府力量的介入，會讓它比自然壟斷和行業壟斷的危害性更大，尤其是少數腐敗官員，利用手中的管理權力，嚴重危害市場公平。由某地區政府及其所屬部門行使權力限制競爭的行為，就是所謂的「行政壟斷」。

馬歇爾導師憤慨地說：「如果政府官員需要收受賄絡才能辦事，壟斷就會成為腐敗的溫床，這不僅會影響經濟發展，更重要的是損害政府的信譽，讓人民對政府失去信心。」

王羽軒也有些沉痛，因為金融研究機構的研究結果已經顯示，腐敗的重要表現之一就是由壟斷造成的「租金」流失。

馬歇爾導師給大家舉了一個例子：某國最大的壟斷行業之一 —— 電力業，據其內部估算，每年造成的「租金」損失在 560 億～1,120 億元之間；而民航的壟斷「租金」，每年也高達 75 億～100 億元。」

大家都有些沉重，是啊，壟斷將消費者的收益全都送給了壟斷者，給他們創造出高額利潤，而造成社會福利的損失。這是極不公平的。

「這裡還有一種壟斷性競爭，」馬歇爾導師為了緩和氣氛，笑著對大家說，「那就是寡占市場，下面我來為各位詳細解釋一下。」

第四節　追求效率導致的寡占市場

寡占市場是什麼？其實王羽軒也一知半解，但光聽名字，他就能感受到壟斷的味道。

馬歇爾導師說道：「寡占市場，是指一種商品的生產和銷售，僅由幾家大廠商所控制的市場結構。」

西方大部分的經濟學家推崇完全競爭的市場結構，但馬歇爾導師卻不以為然：「儘管完全競爭市場結構在理論上是最有效率的，但在現實生活中的成熟行業裡，大部分都是由幾家或十幾家企業壟斷了市場的半數甚至更多市佔率，這就是寡占現象。在我們的經濟生活中，壟斷市場的案例比比皆是。」

「實際上，寡占市場恰好是介於完全競爭市場和完全壟斷市場之間的一種市場結構。」馬歇爾導師聳了聳肩，「這種市場結構並非某個政府所設計。相反的，這是市場選擇的結果。如美國汽車業的通用汽車、福特汽車等。」

馬歇爾導師說道：「高效率的企業能夠在市場上占有更大的市占率，並且提高產業集中度。要知道，優秀企業的良好績效不是因為壟斷造成的，而是因為效率！也就是說，寡占壟斷的市場結構其實是有效率的。」

在西方經濟學提出的四種市場結構中，完全壟斷型市場與完全競爭型市場一樣都是很少存在的。在現實經濟中大量存在的是寡占壟斷型市場和壟斷競爭型市場，特別是寡占壟斷型市場。

馬歇爾導師聳了聳肩說：「我的朋友熊彼得提出了『壟斷導致資源分配低效率』的觀點，這建立在完全競爭的假設前提下。但我們都知道，這個前提在現實生活中缺乏現實性，因此這個觀點的正確性也受到質疑。」

　　王羽軒點點頭，事實上，壟斷雖然是競爭的對立面，但它並沒有消滅競爭，尤其是寡占壟斷，它們改變的只是競爭的形式，並非競爭本身。

　　就像馬歇爾導師說的，美國汽車市場雖然是寡占壟斷的局面，但通用汽車、福特汽車和克萊斯勒三大製造商之間依舊存在著激烈的競爭。

　　「另外，如果從國際範圍來看，寡占壟斷反而會讓競爭更加激烈，」馬歇爾導師笑著說，「比如美國的柯達底片，雖然它壟斷了美國的底片製造業，但受到經濟全球化影響，它也將面臨日本富士底片等國外製造商的競爭。」（如圖 9-5 所示）

圖 9-5 世界競爭

　　馬歇爾導師接著說：「而一個國家只需開放某商品市場，就能讓這個行業具備較高的競爭性。如果進一步開放市場，則競爭性就會更高。」

　　王羽軒明白了。當今國際市場競爭激烈，這會促使寡占壟斷企業努力研究與開發，盡最大可能去提高效率，降低產品價格。而不是像傳統的壟斷，會破壞和降低有效的市場競爭，阻礙經濟和技術的發展。

　　馬歇爾導師笑著說：「寡占壟斷其實並不是壞事，因為寡占壟斷的形成能夠避免無序競爭，減少資源浪費。」

這讓王羽軒想到一個經濟學案例：1990 年代初，中國的航空公司如雨後春筍般相繼冒出，民航公司從 9 家增至 20 多家，最多時達到 34 家。

由於民航公司過多，競爭太過激烈，沒過幾年，打折機票就成了無序競爭中價格戰的主角。這一惡性競爭直接導致了航空業利潤暴跌，整個航空產業都受到了不小打擊。

1998 年，這一矛盾激化到頂點，該國的民航業出現了高達 24.4 億元的巨額虧損，面對殘酷的現實，民航不得不進行改革。

馬歇爾導師笑著說道：「寡占壟斷也可以避免完全壟斷的『唯我獨尊』，使行業發展具有競爭的動力和潛力。」

日本鐵路從創建初期，一直到 1970 年代末，始終是國鐵「一家獨大」的局面。因其在陸地運輸上的壟斷地位，這使得國鐵的集中統一管理以及垂直金字塔式的組織結構在決策方面扮演了十分重要的角色。

馬歇爾導師說道：「1980 年代，日本政府就開始對國鐵進行改革，將國鐵先後拆成 7 家公司，並透過租借、出售、上市等一系列步驟進行改革。改革後，鐵路的經濟、效率和服務都有了顯著的提高。」

馬歇爾導師總結說，寡占壟斷市場的特點有以下四個。

一是企業數量有限。在市場的某一行業中，只有一個以上但數量有限的企業，且每個企業都在這一行業中具有舉足輕重的地位，而且每個企業都對其產品的價格具有影響力。值得一提的是，當企業為兩個時，叫做雙頭壟斷。

二是彼此相互依存。任何一個企業做出決策都必須考慮其他競爭者的反應，因此這些企業不是價格制定者或接受者，而是價格尋求者。

三是產品同質或異質。若各企業在產品上沒有差別，且彼此依存的程

度很高，就叫做純粹寡占，一般存在於鋼鐵、尼龍、水泥等產業。

而若產品有差異且彼此依存較弱，就稱為差異化寡占，一般存在於汽車、重型機械、石油產品、電氣用具、香菸等產業。

四是進出不易。其他企業想進入這個領域極其困難。因為原有的企業在規模、資金、信譽、市場、原料、專利等方面有著豐富的累積，這些都讓其他新來者難以匹敵。且市場與原有企業具有休戚相關的利益關係，不但其他企業難以進入，原有企業也難以退出。

馬歇爾導師強調道：「寡占壟斷的市場結構，恰恰避免了完全壟斷帶來的不利因素，讓行業發展乃至經濟發展走上健康道路。」

馬歇爾導師停頓了片刻，讓大家消化一下，然後笑著說：「好了，各位，美好的時光總是分外短暫。今天我的關於競爭的課程也要告一段落了。」

馬歇爾導師的話久久迴響在大家的耳邊，學生們使勁拍著雙手，用最熱情的掌聲送別了這位經濟學家。

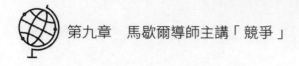

第十章
熊彼得導師主講「供需關係」

本章透過四個小節，講解了約瑟夫・熊彼得的供需理論。熊彼得在供需經濟方面頗有建樹，其理論也成為後期經濟學家的研究基礎。為了幫助讀者更好地理解約瑟夫・熊彼得的供需理論，作者將熊彼得的觀點熟練掌握後，輔以風趣的文字呈現給讀者。對供需關係感興趣的讀者，本章是不可錯過的部分。

約瑟夫・熊彼得

Joseph Alois Schumpeter，1883.2.8-1950.1.8，約瑟夫・熊彼得是一位有著深遠影響力的美籍奧地利政治經濟學家，後移居美國，一直任教於哈佛大學。約瑟夫・熊彼得認為，所有的經濟發展都源於創新，雖然一些創新內容存在相似性，但在經濟發展過程中，更複雜的恰好是那些相互依賴的創新。

第一節　經濟學的終點在哪裡？

阿爾弗雷德・馬歇爾導師關於競爭的言論對王羽軒產生了很大的影響，就連王羽軒在美食街吃飯時，都覺得各個餐飲攤位在暗自競爭，甚至還存在壟斷。

「生活果然處處是競爭、處處是經濟啊！」王羽軒感慨道。

今天，又是哪位導師，要講什麼內容呢？

在這樣混亂的想法中，一位穿著灰色西裝的中年導師緩緩走上臺來。這位導師上臺後，學生們都笑了起來。

只見這位導師濃眉大眼，鼻子突出，最引人矚目的是他的額頭。這位導師的髮際線很高，加上有些謝頂，導致講臺的燈光打在他的額頭上時，竟然出現了強烈的反光。

「各位晚上好！我是本堂課的導師，約瑟夫・熊彼得！」熊彼得導師的語速很快，一聽就是位幹練的經濟學家。

熊彼得導師一開口就語出驚人：「各位！誰能告訴我，經濟學的終點在哪裡？」

什麼？這才剛開始上課，就問經濟學到哪兒結束？學生們都被熊彼得導師的問題驚呆了。

熊彼得導師嘖嘖道：「我聽前面九位導師都在誇這裡的學生思考敏捷，沒想到各位竟然不知道經濟學的終點在哪裡？」

果然，大家被熊彼得導師的激將法激出了滿腔的不服氣。

王羽軒暗想：若想讓一門學科消失，最好的辦法就是滿足它所追求的目標。經濟學的目標是什麼呢？就是賺錢。那讓經濟學消失的方法──

「經濟學的終點就是人們都賺到錢！」王羽軒不由得大聲說道。

「哦，不錯！不錯！」熊彼得導師滿意地點點頭，「看來你們的思考真的是很活躍的。」王羽軒驕傲地微微昂起了頭。

熊彼得導師接著講道：「沒錯，就如這位學生說的，財富的增加就是經濟學的終點！我為各位講個例子，各位就明白了。」（如圖 10-1 所示）

經濟學家語錄：
財富的成長就是經濟學的終點。

圖 10-1 經濟學的終點

「人類還處在原始階段時，財富增加的指標就是看誰抓到的獵物多。」熊彼得導師說道，「比如隔壁山洞的老王抓到一隻山羊，而老趙能抓到兩隻，老趙就是富人。我這句話沒有問題吧？」

學生們紛紛回應道：「沒有問題！」

熊彼得導師接著說：「隨著狩獵技術和工具的改進，原始人抓到的獵物越來越多，他們就會將吃不完的動物養起來，留著以後慢慢吃。當圈養的動物開始生寶寶後，原始人發現 —— 哇！」

大家都被嚇了一跳，熊彼得導師一臉奸計得逞的樣子，接著說道：「原來，我們可以透過飼養獲得更多吃的東西呀！那就不用天天出去打獵嘍！於是，開始發展飼養業、畜牧業了，財富變得越來越多。」

熊彼得導師：「不過，就算動物的繁殖能力再強，每年的繁殖數也是有限的。然而，植物種子的繁殖力卻十分驚人，只要稍加控制，就能獲得豐富的食物。因此，種植技術的發展也讓原始人『大賺一筆』。」

王羽軒聽了半天有點疑惑：為什麼熊彼得導師老講這些原始經濟模型。有個男生忍不住質疑道：「這些都是經濟的原始狀態啊，離我們太遠了！」

熊彼得導師道：「當然，真正促進全球經濟飛速發展的還是工業時代。因為農業再怎麼發展，也要受氣候和生物屬性的制約，而工業受自然條件制約的情況很少，且工業在創意方面具有可開發的潛力。」

熊彼得導師說道：「工業技術的改進，會讓財富飛速成長。但是，當工業發展到一定程度，就會出現財富增加瓶頸。」

大家一聽，財富增加還有瓶頸期？今天還真沒少跟著熊彼得導師開眼界。

　　「也就是說，當人類的生產力和製造力沒有限制的時候，如何將產品轉化成財富 —— 也就是商品的銷量 —— 就成了制約財富增加的最大因素。」熊彼得導師說道。

　　因此，現代工業社會財富增加的根源，在於需求的成長。

　　「也正是出於這一考慮，有些政府開始提出了供給側改革的口號。」熊彼得導師的語氣頗為讚賞，「以前的人都注重供需平衡，也就是當產品供過於求時，央行就會印更多的貨幣，進行溫和型的通貨膨脹控制。但這種做法現在已經不太奏效了！」

　　熊彼得導師舉例道：「比如米飯賣不出去了，你就要改進米飯的品質。你若是不愛吃飯，我就把飯做成壽司。這時，需求就變了，從量變提升到質變，從而提升財富的增加速度。這也是現在進行產業升級的原因。」（如圖 10-2 所示）

圖 10-2 產業升級

一個女生舉手，在徵得熊彼得導師允許後，這位女生開口道：「請問熊彼得導師，財富增加的根本途徑是什麼？」

熊彼得導師興致盎然地說：「工作生產力的提高就是財富增加的根本途徑啊！就像我剛才講的，原始人只能靠狩獵為生，但農業時代，人們就可以靠一塊田地，供養一大批人。到了現代，一千萬農民就能餵飽幾億人。」

大家都信服地點了點頭，的確如此，每個人，每塊土地上的產出越來越多，財富也就越來越多。

熊彼得導師接著說道：「其他領域也是如此啊！原始人只能用石器，一天砍不倒一棵大樹，鐵器時代農民們一千年內砍禿了黃土高原，現代機器能讓遮天蔽日的森林瞬間消失。」

大家都笑了。熊彼得導師繼續說道：「其實，政府和銀行等機構，也是生產能力的一部分啊！這些機構也促進著財富的增加。如果從單獨的經濟體角度來看，市場的擴張也是財富增加的一大部分。」

熊彼得導師說道：「你們可以想想，全世界只需要這麼多挖土機，如果某個國家的產品占據了整個市場，那麼該國將獲得所有的市場利益，其他國家的挖土機可能會面臨倒閉的風險，進而減少財富。」

熊彼得導師趁熱打鐵道：「各位都明白了嗎？經濟學的終點，其實就是財富的增加，從而導致需求被不斷滿足。」

見學生們都點了頭，熊彼得導師用很委屈的語氣說道：「唉，還好各位都聽懂了，不然我大半夜的來給各位免費上課，你們再聽不懂就虧本了。」

大家都笑了起來，熊彼得導師接著問：「大家想一想，是什麼在影響商品價格呢？」

第二節　決定供給與需求的均衡價格

學生們紛紛討論了起來，究竟是什麼影響了價格？

王羽軒聽見有人說：「是供需關係影響了價格的高低。」

熊彼得導師向那位學生點點頭，愉快地說道：「這位同學說得沒錯。供需就是供給和需求，它們決定了價格的走向，同時，它們也被均衡價格決定。下面，我先為大家講一下什麼是需求。」

「需求，就是在一定時期內，在一定的價格水準下，消費者願意且能夠購買的商品數量。」

熊彼得導師說：「舉個例子。韓國人都喜歡囤積白菜，如果今年白菜豐收，且白菜的價格低廉，市場上對白菜的需求就比較小；如果種白菜的人變少，白菜產量下降，其需求就會增大。」（如圖 10-3 所示）

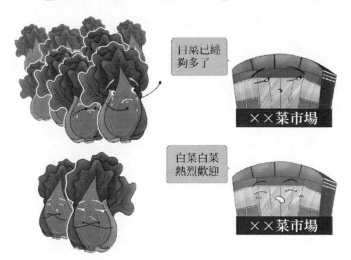

圖 10-3 供需

需求的構成因素一共有兩點：第一個是消費者的購買欲望，第二個是消費者的購買能力，兩者缺一不可。

　　熊彼得導師接著說：「而市場需求，就是在一定的時期內、一定的價格水準下和一定的市場上，所有消費者對某種商品，願意且能夠購買的數量。簡單點說，市場需求就是消費者需求的總和。」

　　王羽軒知道，需求就是「需要」與「欲求」的意思。需要是人的客觀需求，而欲求則是主觀需求。

　　熊彼得導師在黑板上寫下一個公式 ── 需求＝購買欲望＋購買力。然後向大家說道：「需求就是人類某種需要的具體表現，比如你餓了，你的具體表現就是要吃飯。這是一種天生的屬性，因為天生的屬性不能創造，所以需求也不能被創造。」

　　「那麼，影響需求的因素又有哪些呢？」熊彼得導師笑著提問道。大家熱烈地回應：「賺錢的多少」、「看喜不喜歡」。

　　熊彼得導師笑著對大家說：「很好，各位說的都很對。我來幫大家總結一下。

- **消費者的喜好**：消費者的喜好支配著他所購買的商品，並且在使用價值相同或相近的替代品中進行消費選擇。
- **消費者收入**：消費者收入變化，也會影響需求的變化。
- **商品價格**：商品價格與消費者需求成反比。
- **替代品的價格**：商品價格上升，必然導致其替代品的需求量增加。替代品的價格會按相同的方向發生變化。
- **互補品的價格**：如果一種商品的價格上漲，人們對它的需求就會下降，同時也會對相關的互補商品的需求產生負面影響，導致它們的需求量也跟著降低。
- **預期**：如果消費者預見某種商品的價格會上漲，他們便會提前購買。
- **其他因素**：如商品的品質、廣告、位置、國家政策等。」

熊彼得導師笑了笑：「以上就是需求。講完需求後，我們來看一看供給。供給是指在某一時期內，在一定價格下，供給者願意並能夠出售的產品量。」

供給，就是把生活中必需的物資、財產等，提供給有需要的人使用。供給的水準取決於社會生產力的發展水準，所以，一切影響社會生產總量的因素，也都會直接或間接地影響供給量。

「但是，市場供給量不等於生產量。」熊彼得導師強調道，「因為生產量中有一部分會用於生產者自己的消費，作為儲備或出口，而市場提供量中的一部分可以是進口商品或使用儲備商品。」

提供給市場的商品，除了滿足人們使用的需求價值外，還包含了凝聚一定社會必要工作時間的價值。因此，供給不僅是提供一定數量的特定使用價值的行為，還是實現一定價值量的行為。

熊彼得導師說：「與影響需求的因素相同，也有一些因素影響著供給，下面我為各位總結一下。

- **商品價格**：在其他條件不變的情況下，某種商品自身的價格與其供給的變動成正比。
- **生產成本**：在其他條件不變的情況下，生產成本與供給成反比。
- **生產技術**：技術進步，會使成本降低，利潤提高。
- **預期**：生產者的價格預期會造成供給的變化。當生產者預期商品的價格會上漲，他們會增加生產量，以在價格上漲時獲取更高的利潤。
- **替代品價格**。
- **互補品價格**。
- **其他因素**：比如生產原料的價格、國家政策等。

好了，現在各位對供應和需求都有了一定了解。下面，我來講解一下決定供給與需求的因素 —— 均衡價格。」

熊彼得導師比劃著：「大家都知道，需求和供給分別代表著兩種不同的力量：買方力量和賣方力量。在市場上，買方是追求效用最大化，賣方是追求利潤最大化。在此情況下，買方和賣方就必然存在著競爭。」

「在這樣一個競爭性強的市場中，買方和賣方必然會讓商品的價格趨向於均衡。而均衡價格是在供需雙方的競爭過程中自發形成的，均衡價格的形成，就是價格決定的過程！」（如圖 10-4 所示）

經濟學家語錄：
在一個競爭性強的市場中，買方和賣方必然會讓商品的價格趨向於均衡。

圖 10-4 均衡價格

熊彼得導師強調：「需要注意的是，均衡價格完全是市場自發形成的，如果有外力的干預，比如壟斷力量的存在或國家的干預，那麼，這種價格就不能稱為均衡價格。」

熊彼得導師耐心解釋道：「需求與供給都對均衡價格有所影響。

需求變動對均衡價格的影響是：需求增加，均衡價格上升，均衡數量增加；需求減少，均衡價格下降，均衡數量減少。需求引發的均衡價格與均衡數量成正比。

供給變動對均衡價格的影響是：供給增加，均衡價格下降，均衡數量增加；供給減少，均衡價格上升，均衡數量減少。供給引發的均衡價格與均衡數量成反比。」

熊彼得導師總結說：「當需求和供給同時變動時，均衡價格和均衡產量由需求和供給的變動方向和程度決定。」

他為學生們詳細解釋道：「在需求和供給同時增加時，均衡產量也會增加，但均衡價格的變動不能確定；在需求和供給同時減少時，均衡產量也會減少，均衡價格的變動同樣不能確定。當需求增加，供給減少時，均衡價格增加，均衡產量的變動不能確定；當需求減少，而供給增加時，均衡價格下降，均衡產量也不能確定。」

「好了，同學們，」熊彼得導師愉快地說，「下面我為各位講解一下，國際供需關係是怎麼回事！」

第三節　國際供需關係成就「中國製造」

熊彼得導師在黑板上寫了一串英文「Made in China」，然後問大家：「這句話的意思，想必大家都知道吧？」學生們紛紛表示知道。

熊彼得導師接著說：「這句話是『中國製造』的意思，如今，標有『Made in China』的商品已經覆蓋全球，從美國聖誕節的禮物，到印度、埃及的旅遊紀念品，全世界都在使用著中國製造的商品。從市場占有率來說，中國商品差不多占世界輕工業商品貿易的 60％。除此之外，還有很多半成品和零件原料以及無商標包裝、代工商品沒有統計在內。」

那麼，中國製造是如何走向世界的呢？熊彼得導師告訴大家，這就要講到國際貿易與國際分工了。

王羽軒早就聽亞當斯密導師說過，國際分工是社會生產力發展到一定階段的產物，生產社會向國際化發展的原因，正是社會分工超越國界的結果。

熊彼得強調：「適用於不同職業之間的分工原則，同樣也適用於各國之間，這就是國際分工理論。自由貿易必然會形成國際分工，而國際分工的基礎，正是各國的有利生產條件。」

有學生向熊彼得提問：「國際分工有什麼優勢嗎？為什麼國際分工會必然出現呢？」

熊彼得導師笑了笑，說：「我發現，你們提的問題總能抓住重點。」

「國際分工能讓一國在生產方面和對外貿易方面，比其他國家更有優勢。在國際分工中，各國都會按照對自己有利的生產條件進行分工和交換。這樣才能讓自己的資源、勞動力和資本得到最有效的利用，這無疑會大大提高工作生產力，增加物質財富。」導師解釋道。（如圖 10-5 所示）

經濟學家語錄：
國際分工能讓各國按照對自己有利的生產條件進行分工和交換。

圖 10-5 國際分工

熊彼得興致高昂地說：「無論何時，人類都需要彼此協助，如果只依賴他人的恩惠，那一定是行不通的。要知道，人是理性的，如果你能夠刺激對方的利己心，告訴他們，為你做事是對他們有利的，那你想要達到目

的就容易多了。」

熊彼得導師說：「我很喜歡曼德維爾在《蜜蜂的寓言》（*The Fable of the Bees*）說的一段話，這與我關於分工方面的想法如出一轍。曼德維爾提出的『自利有利於社會利益』的觀點，也是『理性的人』的基礎！」

熊彼得導師打開書，在書上，曼德維爾是這樣寫的：不管是誰，如果他想跟別人做交易，首先他會這樣提議——請給我這件物品吧！我可以用你想要的物品交換。這句話就是交易的通義。

大家理解了導師要講的意思：我們獲取所需要的物品，大部分都是透過這種方法實現的。我們每天所需的食物和飲品，不是出自屠夫、麵包師的恩惠，而是出於他們的自利心。

而國際分工就是社會分工從國內向國際延伸的結果，是國家之間的利己心在起作用，進而讓生產社會化向國際化方向發展。

「世界產品都交給中國製造，是國際大分工的必然趨勢。」熊彼得導師笑著說，「因為中國擁有世界上最多、最熟練、相對成本最低的勞動力，在中國能把分工做到最細、最好，這自然就成為製造產業的首選國家。」

有學生向熊彼得導師提問道：「可是印度和非洲國家的勞動力也很多，而且廉價，為什麼商品不是由印度或非洲國家製造的呢？」

熊彼得導師告訴學生們：「除了豐富、廉價的勞動力外，往往還需要考慮很多。比如像電力、電信、交通等基礎設施，還有金融和政府合作等。中國在這些方面還遠遠領先於印度，當然更領先於非洲國家。」

「正因為中國有廉價的勞動力優勢，還有足夠的工業基礎設施，」熊彼得導師解釋道，「所以世界上其他國家，尤其是一些已開發國家，更傾向於把工廠建在中國。」

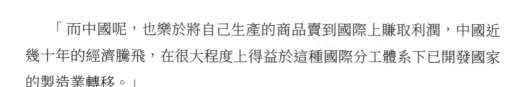

「而中國呢，也樂於將自己生產的商品賣到國際上賺取利潤，中國近幾十年的經濟騰飛，在很大程度上得益於這種國際分工體系下已開發國家的製造業轉移。」

「至於剛才那位同學提出的問題，國際分工為什麼必然會出現，我有三點需要講解。」熊彼得導師講了以下三點原因。

第一，市場供需決定國際貿易必然出現，如果一件商品在某國出現供過於求的狀況，那麼該國商人必然會尋找國家之外的需求；反之一件商品若在某國出現供不應求的狀況，那麼該國商人又必然會尋求海外生產地。

第二，為了促進國際貿易的發展，國際分工必然會出現，因為國際分工是國際貿易發展的基礎。國際分工不僅能提高效率，還能增加各國的商品數量，增加國際交換的必要性，促進經濟的迅速成長。

第三，第三次工業革命後，已開發國家的工業因科技而快速發展，低階的生產製造業需要轉移，但社會對於該類產品的需求量卻與日俱增，因此必然需要國際分工程度的進一步加深，因為只有這樣才更能滿足國家的經濟發展需求。

「這些就是國際分工必然出現的原因，」熊彼得導師慷慨激昂地說，「已開發國家把國際分工做得更加專業化，開發中國家也在努力改善自己在國際分工中的不利地位，並組成一些經濟集團來抗衡。因此，世界產品、中國製造就成了當前經濟發展的大趨勢。」

場下的同學都沉浸在熊彼得導師的犀利分析中，久久沒有說話。

第四節　理想中的供需模型

王羽軒知道，最近一段時間，國內開始對出口不利的外貿形勢，於是號召人民增加消費，用國內消費的方式彌補外貿缺口，以避免製造業出現重大危機。

「大家看看最近政府對於消費的號召就應該明白國內市場對於製造業的重要性了。」熊彼得導師說道。

「當外貿出現問題時，緊急尋求內部市場，目的就是尋求供需關係的平衡，因為當供需關係出現嚴重失衡時，經濟體就必然爆發嚴重的危機。」熊彼得導師說完，又給出了下面的例子：

「當一個國家商品過多，而市場萎靡，也就是出現嚴重的供過於求，就會導致企業崩潰，社會資金鏈條斷裂，從而造成企業破產、工人大量失業；與之相反，當一個國家出現嚴重的商品短缺，供不應求，就會造成物價飛漲，人民一樣會陷入水深火熱。正因為如此，大家都在積極尋求理想中的供需平衡，那麼，我們如何來理解這種平衡呢？在解決這個問題時，大家先要理解一個名詞 —— 單一商品市場！」熊彼得導師笑著說道，「單一商品市場就是指這個市場只有一種商品，而且資訊完全對稱，在這個前提下，我們再進行供需平衡的講解。」

王羽軒和其他學生紛紛坐直了身子，仔細聽熊彼得導師講課。

熊彼得導師說：「單一商品市場不但要求市場的商品供給總量，以及商品購買力總量之間的平衡，同時也要求主要商品供需量之間的平衡。

要知道，市場商品的供給總量以及商品購買力之間的平衡是前提，而主要商品供需量之間的平衡是基礎。主要商品雖然品項很少，但消費量很大，如果主要商品供需不平衡，供需總量的平衡就難以實現。

因此，需要在一個經濟體內部和各地區之間實現商品供需平衡。實現整個經濟體的供需平衡是組織商品供需平衡的整體目標。」

王羽軒點點頭，是啊，只有全國供需平衡了，才能保持全國物價指數基本穩定。對於城鄉間的商品供需關係，還是應該繼續堅持「兩個優先」的原則，保持供需的相對平衡。

「那麼，實現供需平衡究竟有什麼意義呢？」熊彼得導師拋出這個問題後，大家一臉迷茫。

熊彼得導師為大家解釋道：「供需平衡簡單來說，就是讓市場商品供應量與其構成，跟市場上原有的貨幣支付能力的商品需求量與其構成，兩者之間能夠保持平衡。」（如圖 10-6 所示）

圖 10-6 供需平衡

為了維持國家整體經濟平衡，重要的工作之一就是要協調市場商品的供應和需求，確保它們之間的比例協調一致。這也是流通業者安排市場的重要工作。

「因此，」熊彼得導師笑著說，「讓市場商品的供給和需求保持平衡，在發展國民經濟、合理組織商品流通、維護人民生活穩定方面都具有非常重要的意義。供需平衡是讓社會再生產能夠穩定發展的必要條件。」熊彼得導師強調道。

「在商品供需平衡的狀況下，生產者的物質消耗才能得到補償，消費者的購買需求才能得到滿足。而商品供需不平衡的任何一種狀況，對於社會再生產的進行都是不利的。」

王羽軒連連點頭，他知道，在商品「供過於求」的情況下，若繼續不合理地增加商品庫存，就會浪費社會資源，導致資金周轉緩慢甚至停滯，進而影響工廠穩定生產，甚至被迫停產。

當商品「供不應求」時，會導致一部分人難以負擔，進而影響他們的生活水準，也會削弱消費者對商品品質的監督力。這會讓生產企業難以改善生產，只能透過增加商品種類或提升品質來增加人們的購買力。同時，如果過度滿足市場需求，會導致浪費社會資源，也可能造成資金周轉困難，進而影響工廠的穩定生產，甚至可能被迫停產。

熊彼得導師接著說道：「供需平衡也是實現『勞動報酬分配』的重要保障。」

王羽軒立刻表示強烈贊同。「勞動報酬分配」需要借助貨幣，透過商品交換的形式來實現。工作者憑藉著工作獲得貨幣，然後到市場購買自己需要的消費品，這樣才能讓「勞動報酬分配」最終得以實現。

熊彼得導師告訴學生們：「如果商品供需不平衡，尤其是供不應求，就沒辦法保證將城鄉居民的貨幣轉化為商品，也沒辦法保證『勞動報酬分配』原則能夠充分執行，更無法保證人民生活水準的提高，這就會降低人民的積極性。」

熊彼得導師聳了聳肩：「此外，供需平衡也是穩定物價穩定幣值的必要條件。市場商品供需不平衡會引起市場物價的波動，引起城鄉居民貨幣收入出現不正常的再分配。」

商品供過於求，就會讓貨幣回籠更加困難；而商品供不應求，也會造成貨幣貶值。因此，有計畫地調動市場商品的供需平衡，才對保持市場物價的穩定更加有利。

熊彼得導師接著說：「供需平衡更是合理分配社會資源的有效手段。因為供需平衡的實現，有利於合理地利用人力、物力、財力和自然資源，避免社會財富的浪費。」

「市場商品供需平衡，就是要讓商品的供應與需求能夠保持平衡，進而協調國民經濟的基本比例關係。社會的總工作時間也會根據社會需求，按比例分配在各種商品的生產上，進而讓整個社會生產，有效地利用工作時間，獲得更好的經濟效益。」

學生們聽得有些迷茫，但王羽軒聽懂了，只要市場商品供需不平衡的任何一種狀況存在，就將對社會造成浪費和損失。

熊彼得導師說：「給各位舉個例子吧！例如，當某種產品出現了大規模的『供過於求』，就說明投資該商品時，生產所使用的人力、物力和財力大大超過社會需求，造成商品積壓，造成社會工作的浪費。」

王羽軒連連點頭，沒錯，在商品供不應求的時候，就會出現人力、物力和財力得不到充分利用的狀況。

熊彼得導師笑著說：「再給各位舉個例子。因為商品產不足銷，所以供應會制約需求，這就會造成生產機構對產品品質不在意，粗製濫造，也不注重節約材料。同時，商品供不應求，就會削弱人民對商業服務品質的監督，影響企業改善經營管理。這既損害消費者的利益，又損害社會的利

益。但是，這種簡單市場是不存在的。因為供需關係不可能完全平衡，只能盡力達到相對平衡，而政府在外貿和內銷中不斷地調和，本質就是在尋求這樣一種平衡。」熊彼得導師聳了聳肩，笑著對學生們說道，「當然，政府做得再好，最終的效果一樣需要市場的檢驗，更不用說理想中的供需平衡還只是經濟學家們設立一個假設條件，目的僅僅是為幫助他們更好地掌握市場。」（如圖 10-7 所示）

聽完熊彼得導師的話，王羽軒突然有些捨不得這個真性情的導師了。他看到別的同學也流露出不捨的神情，熊彼得導師的課程實在是太短暫了！

約瑟夫·熊彼得對臺下的學生們深深鞠了一躬，消失在熱烈的掌聲中。

圖 10-7 供需關係相對平衡

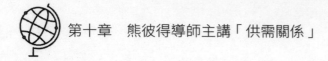第十章　熊彼得導師主講「供需關係」

第十一章
孟岱爾導師主講「消費」

本章透過四個小節，講解了勞勃‧孟岱爾的消費經濟學理論。在勞勃‧孟岱爾看來，消費就像一把「雙刃劍」，用得好可以激活市場，用不好就會反噬自身。為了幫助讀者更好地理解勞勃‧孟岱爾的消費經濟學，作者將勞勃‧孟岱爾的觀點熟練掌握後，再以幽默詼諧的文字呈現給讀者。對消費方面感興趣的讀者，本章是不可錯過的。

勞勃‧孟岱爾

Robert Alexander Mundell，1932.10.24-2021.4.3，加拿大人，1999 年諾貝爾經濟學獎獲得者，最適貨幣區理論奠基人，被譽為「歐元之父」。

孟岱爾畢業於哥倫比亞大學和華盛頓大學，之後在倫敦政治經濟學院讀研究所，1956 年獲麻省理工學院經濟學博士學位。

孟岱爾曾獲得超過五十個大學頒授榮譽教授和榮譽博士頭銜，亦曾擔任多個國際機構及組織的顧問，包括聯合國、國際貨幣基金組織、世界銀行、歐洲執行委員會、美國聯邦準備理事會、美國財政部等。

第一節　熱衷花明天錢的美國人

上一週，熊彼得導師關於「供需」的一堂課，讓所有同學都頗有心得。

好不容易熬到了星期六，王羽軒收拾好東西，神采奕奕地走進了大禮堂。今天大禮堂的人特別多，難道是事先聽到了什麼風聲？

待王羽軒坐定後，手錶指針也指向了 12 點。突然，講臺四周響起了音樂聲，把王羽軒嚇了一跳，他不由得暗想：「這位新導師還蠻時尚的。」

伴隨著音樂聲，一位西裝革履、金髮碧眼的現代男性款款走上講臺。

他微微有些發福，頂著一頭白金色但有些稀疏的頭髮，嘴角洋溢著笑意，甚至還打了一條紫紅色的領帶，讓人感覺喜氣洋洋的。

「嗨，各位同學，」講臺上的導師意氣風發地開了口，「我是今天的經濟學導師 —— 勞勃・孟岱爾！」

大家對勞勃・孟岱爾導師報以熱烈的掌聲。

勞勃・孟岱爾導師開門見山地介紹道：「這節課，我要為各位講解一下經濟學中最重要的一個環節 —— 消費。」

孟岱爾導師問道：「各位知道我是加拿大人嗎？」大家都點點頭，孟岱爾導師在經濟學領域還是很有名的。

孟岱爾導師笑咪咪地說：「那各位知道我們加拿大人和美國人雖然處處針鋒相對，但有一個共同的習慣嗎？就拿買房子來說吧，有些國家的人習慣存 20 年錢，然後全額付清買一間房子；而我們北美人習慣先付頭期款，然後貸款買房，這樣可以先住進去再慢慢還。」（如圖 11-1 所示）

圖 11-1 兩種消費習慣

大家都點點頭，這確實符合美國人的消費習慣。

孟岱爾導師笑著說道：「不瞞各位，其實我在美國的時候也是個『月光族』。」

啊！大家一臉驚訝，難道美國人的收入這麼低嗎？

孟岱爾導師看出了大家的想法，笑了笑說：「美國人的收入可不低哦，要知道，美國可是已開發國家呢，如果換算成新臺幣，美國人均月收入是 107,000 元新臺幣，大家說這個收入低嗎？」

大家一聽月收入 107,000 元新臺幣，趕緊改口：「不低，不低，那為什麼會變成月光族呢？美國人的錢都去哪裡了？」

孟岱爾導師一臉無奈地說：「答案很簡單，就是花光了！」

大家都被這個簡單粗暴的答案嚇到了。一個男生忍不住問道：「美國人都不知道存錢嗎？」孟岱爾導師卻一臉從容：「美國人為什麼要存錢？」

這個男生猶豫了一下，說道：「存錢……買車，買房子？」

孟岱爾導師說道：「我們買車、買房子不需要存錢啊，直接貸款就可以了。」

這個男生又猶豫了一下，然後突然說：「那美國人不用存錢養老嗎？」

孟岱爾導師毫不猶豫地說：「美國的社會保障體系健全啊，所以買買買完全無所畏懼！」

這個男生想了想，實在沒什麼好說的了。

孟岱爾導師拍了拍手，將學生們的注意力重新抓回來，然後解釋道：「其實，美國人之所以喜歡超前消費，是因為消費能夠很好地促進經濟繁榮。在一個穩定繁榮的經濟體內，消費應該是被鼓勵的，因為消費可以帶動生產，而生產是能夠創造就業的。」（如圖 11-2 所示）

圖 11-2 消費帶動就業

　　孟岱爾導師在黑板上寫下這樣一句中文：

消費 —— 製造 —— 就業 —— 再促進消費

　　「我為各位講個經濟學笑話吧！」孟岱爾導師笑咪咪地說道，「小明是個餐廳服務員，他拿著薪水中的 1,000 元去美髮師那裡燙了頭髮；美髮師賺到 1,000 元後，又去餐廳吃了頓大餐；老闆賺到錢後，又發了薪水給小明。等於這 1,000 元兜兜轉轉，又回到了小明手裡。」

　　「嗯……好像有點道理。」一位女生想了半天，最後說道。

　　孟岱爾導師看到大家若有所思的樣子，輕輕咳嗽了兩聲，然後說道：「可是，2020 年初新型冠狀病毒疫情突然爆發了，小明雖然賺了 1,000 元，但他卻不敢去美髮師店裡燙髮了。美髮師沒賺到這 1,000 元，也不敢去餐廳吃飯了。由於沒有客人，餐廳老闆也不需要服務員了，於是他解僱了小明。」

「啊？小明因為沒花掉這 1,000 元，所以失業了？」一位男生不可置信地說道。

「當然，這只是個經濟學笑話，」孟岱爾導師聳了聳肩，「但大家仔細想想，這個笑話中也包含了消費在經濟中的意義。如果大家都把錢藏在口袋裡，那這些錢就會變成一堆廢紙，國家經濟也會隨之低迷。」

「啊，怪不得美國經濟這麼繁榮，原來是超前消費帶來的！」一個男生說道。

孟岱爾導師輕咳了一下，笑著問道：「好了，大家都知道美國人熱衷於提前消費的原因，那誰能告訴我，為什麼臺灣人卻喜歡關緊錢包呢？」

第二節　臺灣人為什麼愛存錢？

孟岱爾導師的問題讓學生們紛紛發言起來。

有人說節儉是一種傳統美德，突然有個男生說道：「臺灣人不習慣欠帳。」這句話把孟岱爾導師和其他學生都逗笑了。

孟岱爾導師一邊笑一邊說：「也許各位不相信，亞洲人是世界上最不愛花錢的民族之一。」孟岱爾導師斬釘截鐵地說道，「因為亞洲人早就習慣了存錢，美國人平均有 70% 的錢用在非必要消費品上，而亞洲人這方面的消費還不到 10%，當然，節儉是一個傳統的美德，但大家想想，如果老百姓都不消費那生產是否也會因此萎靡不振呢？而且，在這個經濟發展全球化程度不斷加深的時代，一國消費市場不振也會對世界造成影響。大家都知道，現在全球經濟都不太好，可是，在國外市場萎縮的情況下，國內市場卻無法做很好的補充和替代，為企業提供消費能力。」

有個女生不服氣地說：「可是，全世界都知道，韓國人是最愛買奢侈

品的啊！先不說奢侈品，就算是普通消費品 —— 要問到誰最有可能衝進商場裡瘋狂消費，那大家第一反應肯定是中國人啊！」

孟岱爾導師微笑道：「這種情況是因為前段時間全球經濟都不景氣，只有亞洲經濟發展速度不減反增，所以一部分亞洲人有能力消費。但你們要知道，實際情況跟大家想像的恰好相反 —— 」

「即使亞洲人的收入創下歷史新高，但從國際上來看依然很低，」孟岱爾導師說道，「何況亞洲沒有能力去國外消費的普通人仍然很多，他們不願多花錢消費。有一項調查顯示：隨著收入的增加，亞洲人存錢的傾向也隨之增加。」

孟岱爾導師搖頭晃腦地說：「據我所知啊，從 1989 年到 2006 年，臺灣家庭平均年收入從 258,412 元變成 869,404 元，成長了三倍多。這種現象按理說是好事，但臺灣人卻更加不安，請問這是為什麼呢？」

是啊，為什麼呢？按理說現代人民生活水準提高了，應該有更多的錢消費呀，怎麼會越發關緊錢包呢？大家一臉不解。

孟岱爾導師慢條斯理地說：「因為老百姓覺得存在風險！其實臺灣人民的儲蓄並不多，所以從整體上看，臺灣經濟發達，但事實上只富了一小部分人，大部分人還是捨不得花錢。」

王羽軒和大部分學生都強烈點頭表示贊同。

孟岱爾導師繼續他犀利的發言：「亞洲人不愛消費，難道真是受了儒家思想影響，崇尚簡樸的生活？但就像剛才那位女學生說的，韓國人、中國人對奢侈品和網購的熱衷程度，又說明了亞洲人天性不愛消費是個冷笑話。」

孟岱爾導師一針見血道：「亞洲人關緊錢包，說到底是因為大多數人都不富裕，失業風險較大，就業率較不穩定，這讓亞洲人不得不選擇節省，不得不捂緊錢包。」

大家都沉默了。孟岱爾導師舉例道：「這麼跟大家說吧！如果你很有錢，你也不會一餐吃 50 碗飯，你只會用很精美的餐具，吃一頓很高級的美食，對嗎？」

大家紛紛點頭稱是。

孟岱爾導師滿意地說：「正如我舉的例子一樣，政府所希望的消費，不是指奢侈品上的增量，而是在日常生活方面的消費水準，拉動效應應該在許多基層民眾身上產生作用。」

這時，一個男生舉手說道：「導師，我認為亞洲人不消費的原因，除了就業不穩定外，跟不夠健全的社會保障體系也大有關係。」

孟岱爾導師點點頭，說道：「沒錯，但社會保障體系也是要以高就業率為基礎的，你可以想像一下，如果人人都有工作，自然就有錢養老，也有錢過更好的生活；如果每個人的就業都不穩定，誰繳費去建立社會保障體系呢？」

那個男生點頭，孟岱爾導師接著說：「在收入少的情況下，更不可能把錢投入到消費中去。這就是亞洲人不願意消費的另一個原因。」

孟岱爾導師總結道：「總而言之，亞洲人不願意消費，並不是他們多喜歡銀行，也不是因為他們都天性簡樸，而是因為就業不太穩定，所以不敢花錢。」

「在這樣的情況下，想要啟動消費實在很難，但改進的方向卻很明確。」孟岱爾導師搓手道，「一是增收，提高底層人民的收入水準；二是減負，減輕普通人的社會負擔；三是縮減，就是減小貧富差距。」

王羽軒點點頭，孟岱爾導師提的幾條建議很正確，只有這樣，經濟才有可能從外向型轉為內需型。

孟岱爾導師笑著說道：「而且亞洲人的存錢方式很有意思，都是年輕

人和老人存錢。因為年輕人需要存一筆錢，以此應對未來可能出現的失業風險和收入不穩定；老人則需要為自己的退休生活準備一筆存款。」

孟岱爾導師突然說：「各位，你們知道嗎？我不推薦各位存錢，因為存錢的後果真的很嚴重哦！」

大家都被嚇了一跳，孟岱爾導師是不是在嚇唬人啊。自古都是錢不夠花了後果嚴重，哪有存錢後果嚴重的呀？

孟岱爾導師似乎看出了大家的疑惑，於是搖頭晃腦地說道：「各位，且聽我慢慢道來——」

第三節　存錢的後果很嚴重

孟岱爾導師接著這個問題說道：「在對各位講解存錢的嚴重後果前，我先給各位講一道頗有悲情色彩的數學題：我在阿里山上有一間度假木屋　　」

孟岱爾導師的問題還沒說完，大家就紛紛笑起來，這個外國人還在臺灣有房產呢。

孟岱爾導師佯裝大怒道：「這只是一個比方，大家不要計較嘛！」

「我這間房子值 200 萬元，假設平均每年都要上漲 10%。一個做開發的資訊工程師，年薪 40 萬元。如果他想買我的房子，還不貸款，而且薪水也不變，每年不吃不喝不消費，那他需要幾年才能攢夠錢買我的房子？」

A. 5 年

B. 10 年

C. 20 年

D. 50 年

E. 永遠買不起

大家陸續做出了答案，大部分人給出的答案都是 A、B、C、D 中的一個，但孟岱爾導師卻大聲宣布：「答案是 E ！」

王羽軒點點頭，他沒像其他同學那樣張口即來，而是用筆算了一下。然後他發現，這個資訊工程師永遠都買不起房子。

孟岱爾導師轉身在黑板上寫了一個公式：$200 \times (1 + 10\%)^n = 40n$。

然後笑咪咪地說道：「其實這道題列個方程式就明白了。房價每年增幅為 10%，隨著年數 n 的增加，上式的左邊將呈指數級上漲。拿幾個時間點代入一下，各位就知道怎麼回事了。」

比如 A 選項，5 年之後，這套房子的價格已經漲到 322 萬元；

再看 B 選項，10 年之後，就變成了 518 萬元；

20 年之後就是 1,345 萬元；

50 年後已經高達 2 億元……

大家看著這組數據驚呆了，孟岱爾導師趁熱打鐵道：「題目中這位不吃不喝不消費的資訊工程師，按理說夠勤儉節省了吧？但 10 年後，他的身家只有 400 萬元，到了 50 年之後，他攢夠了 2,000 萬元，但已跟房價足足拉開了 10 倍的距離！」

孟岱爾導師感慨道：「大家可以看到，存錢真的一點用都沒有，因為在指數式成長面前，線性成長簡直就是微不足道的。這位工程師的買房夢，恐怕是三生三世都無法實現了！」

大部分同學都認同了孟岱爾導師的說法，但依舊有同學在鑽牛角尖。

一位男生舉手道：「導師，我沒想過要買房子啊！我就安於現狀，什麼也不買，不亂花錢，能省下一點算一點，這不是也很好嗎？」

不少人表示了強烈贊同。孟岱爾導師氣定神閒地說道：「就算你什麼都不做，但別忘了，還有個潛伏在你身邊的經濟殺手 —— 通貨膨脹呢！如果你不懂得投資，省錢只是委屈自己，而且會越來越窮！」

這位男生心服口服地坐下了，同學們也是一臉嘆息。

一位女生說：「可是，孟岱爾導師，如果我們不存錢的話，怎麼會有消費的能力呢？」孟岱爾導師一拍手，說道：「妳可以賺啊！」

這句話讓很多人都一臉無奈，賺錢說得容易，可怎麼賺呢？

孟岱爾導師微笑著說：「想賺錢，最重要的是投資。投資會讓你的資產從線性成長變成指數式成長。讓資產指數式成長最簡單的辦法就是投資，再投資！」

王羽軒點點頭，早在第一節課，威廉・配第導師就給大家講了威力驚人的複利，王羽軒到現在都記憶猶新。

孟岱爾導師說道：「假設你使用一般的投資輔助工具，投資期限為一年，當你收到本金和利息後，只要再投入一年，就可以進行複利投資。繼續這樣的操作，就能讓財富像雪球一樣不斷滾動增加。」

孟岱爾導師的話讓所有學生都想到了威廉・配第導師講的「複利的誘惑」，這也讓無數迷茫的學生看到了一絲光亮。

「哎呀，話題跑遠了，我們要講的是存錢的後果。」孟岱爾導師一拍腦袋道，「剛才我已經提到了存錢的第一個負面影響 —— 存下的錢根本跟不上通貨膨脹的速度。下面，我再給大家講講第二個負面影響。」

孟岱爾導師清了清嗓子說道：「這其實是個很簡單的道理 —— 如果一

般民眾都將錢存起來不消費，那麼市場上的流通貨幣就會減少，這時政府為了刺激消費，可能會增加貨幣供應。但如果大家都拿錢出來消費，市場上的貨幣量就會急速增加，進而引發貨幣問題。貨幣超發可能會導致產能過剩，進而引發經濟通貨膨脹的問題。」

「天啊，真沒想到，存錢這件看上去很好的事，竟然會造成這麼大的經濟問題。」一位女生搖著頭說道。

「是啊，」她旁邊一位男生小聲應和道，「所以我們還是要適當消費的。妳看，當初要是聽我的，早早就把健身環買回家，現在就能省下幾百塊錢呢！」

女生不滿地說道：「我哪知道它會漲價啊，但我一定得存錢啊，不存錢以後怎麼辦，萬一有急用呢？」

說完，女生自己也愣了一下，隨即又笑了：「唉，你說得對，我又掉入存錢的『陷阱』裡了。看來，以後還是要多從經濟學角度思考問題。」

「不錯，」孟岱爾導師愉快地說道，「對了，各位，你們都知道沉沒成本和機會成本嗎？」

第四節　沉沒成本和機會成本

「開講前，我先為各位講個小故事。」孟岱爾導師笑著說。

有位經濟學家帶著三個學生去吃飯，正好餐廳做活動：消費滿 300 元折 30 元。四個人點了 270 元的菜，但是菜非常難吃，簡直難以下嚥。

這時，有位學生提議大家再點三支 10 元的冰棒，湊足 300 元好了，這樣還能拿到 30 元。經濟學家拒絕了這個提議，而是出門買了幾支超商冰棒，單價為 20 元。

學生們不理解，為什麼放著折價的冰棒不吃，要出來再吃超商冰棒呢？經濟學家笑著說：「我們已經吃了這麼難吃的飯，就不要再多吃幾個難吃的冰棒了。這就好像你花了 5 塊錢買了一根爛香蕉，為了不浪費選擇吃掉的話，太傻了。」（如圖 11-3 所示）

食物已經腐壞，在經濟學角度認為已經「沉沒」。

圖 11-3 沉沒成本

聽完這個故事，在場的同學紛紛陷入思考。王羽軒想，如果自己在場，一定也會選擇該餐廳的冰棒。因為已經花了 270 元，如果不拿到那 30 元的折扣，就吃虧了。其他同學也是一臉迷惑不解，不知道故事裡的學生傻在哪裡。

孟岱爾導師笑著說：「其實，你已經花掉的 270 元就是沉沒成本。」

沉沒成本，專業點來說，是指已經花費且無法收回的費用或投資，因為已經做出決定且產生了相應的成本，所以無法再次考慮或改變。

孟岱爾導師解釋道：「我們在決定是否去做一件事時，不僅要看這件

事對自己有沒有好處，也要看過去是否已經對這件事有所投入。我們在這件事上耗費的時間、金錢、精力等，都是沉沒成本。」

王羽軒不禁感嘆，如此說來，生活中到處都有沉沒成本的陷阱啊。比如看到一半發現是爛片，但因捨不得買票錢的繼續看下去的電影，再比如一份不喜歡的工作，或者一對想將就著過的戀人。

孟岱爾導師接著說：「面對沉沒成本時，我們應該怎麼做呢？」

在場的學生都在思考這個問題。孟岱爾導師繼續說道：

「一個學生看中一間套房，租金是 7,000 元，他付了 1,000 元定金。第二天，他又發現一套條件相同的套房，租金只要 6,500 元。雖然他已經付了 1,000 元，但已付的 1,000 元是沉沒成本，已經無法挽回，如果你為了這 1,000 元選擇 7,000 元租金，那你每個月都要多付 500 元，花的錢越來越多。如果你是這個學生，請問要怎麼做呢？

正確方案是忽略掉沉沒成本，選擇最佳方案。在沉沒成本面前，我們最容易犯的錯誤就是對『沉沒成本』過分眷戀，導致錯誤繼續，造成更大虧損。」

孟岱爾導師接著說：「就好像某些姑娘愛上一個渣男，交往一陣子後覺得這個男的不行，但因為之前付出的太多了，於是將就著過，最後甚至懷孕了，就勉強嫁了，結果婚後更悲慘……」

王羽軒深表贊同地點點頭，他剛上大學的時候，同學間流傳著這樣一種說法：你每年的學費是多少，你要上多少節課，每節課的成本大概是 500 塊錢，如果你不去，就相當於虧損了 500 元。

每當王羽軒準備翹課時，就會跟他們說，繳的學費是你已經損失了的錢，你沒必要再把時間也搭上。然後他就毅然地逃課了。這確實不是好事，但起碼還算一個好道理。

　　孟岱爾導師接著說:「有很多投資公司也會這樣做,一開始讓你出少量的錢做評估、確認資格或達成某些標準,然後再不斷地誘使你投入更多資金。你一想到已經投入的錢,又想著如果能成功拿到上千萬的投資回報,就繼續堅持下去了,最後卻發現自己本錢全沒了。」

　　孟岱爾導師接著說:「了解沉沒成本後,我們再來看一下機會成本。」

　　機會成本,是指當在面臨多個方案時,所捨棄的最有價值的選項所代表的成本。這種成本通常是不直接計算在費用中的,但它會影響到決策的結果。

　　舉個例子來說明:你家裡有一塊地,你可以把這塊地租給工廠,也可以把這塊地租給農戶。這塊地的最高出租價格,就是你的機會成本。

　　在機會成本上最容易犯的錯誤,就是由於貪婪引起的失誤。它會告訴你,你永遠不能占有全部,就像這塊地一樣,你不能既租給農戶種田,又租給工廠放機器。你做出了某種選擇,就必須要放棄其他選擇。

　　孟岱爾導師笑道:「有些機會成本可以用貨幣來衡量,有些則不能。

　　比如說,農民在獲得一塊土地時,面臨著養豬還是養雞的選擇,養豬的機會成本,就是放棄養雞所獲的收益。這就是可以用貨幣來衡量的機會成本。

　　但有些機會成本無法用貨幣衡量。比如,你往往很難選擇到底是要在圖書館看書學習,還是放棄學習去追劇。

　　再舉個例子:你今天中午選擇了在麥當勞吃午餐,就錯過了吃必勝客的機會,有可能必勝客今天推出了一款特價餐品,你就只能錯過了。」

　　孟岱爾導師笑著說:「再誇張一點,你選擇了在宿舍玩手遊,就喪失了去圖書館學習的機會,你有可能在圖書館裡遇到一個女孩,這個女孩可能會成為你的妻子。但你選擇了玩手遊,就沒老婆了。這個妻子,就是你

玩手遊的機會成本。」

　　機會成本在資本運作過程中表現得更為明顯，比如，你在 20 年前有一筆可觀的資產，如果你當初選擇投資房產，可能現在就會笑了；如果你當初選擇投資股市，可能現在就要哭了。

　　機會成本會幫你分析各種選擇，讓你盡量減少一時衝動，因為很多人都會有一時衝動的情緒，這會導致不好的境遇。對於一些激進分子，機會成本更應該被考慮。

　　孟岱爾導師說道：「沉沒成本告訴我們要及時止損，如果你做不到這一點，就不要碰股票；而機會成本則告訴我們，做選擇的時候多想想可能造成的損失，一定要確保得到的價值大於機會成本，這樣做選擇才會比較可靠。」

　　孟岱爾導師愉快地說道：「對了，各位，你們知道歐元嗎？」

第五節　歐元的好處在哪裡？

　　孟岱爾導師此話一出，學生們立刻哄笑一堂：「當然了，歐元這麼有名，我們怎麼會不知道呢？」

　　勞勃‧孟岱爾導師也笑了，隨即，他有些驕傲地說：「各位可能不知道，我曾獲得過 1999 年的諾貝爾經濟學獎，獎金有大概 100 萬美元。」

　　「哇！」「好屬害啊！」大家紛紛讚嘆。一個女學生一臉羨慕地問道：「勞勃‧孟岱爾導師！您用這 100 萬美元都做了什麼呀？環遊世界？」

　　勞勃‧孟岱爾導師反而有點不好意思：「先修繕一下自己在義大利的房子，再為自己兩歲多的兒子尼古拉斯買一匹矮種馬，最後把剩下的錢都存入銀行。」

聽完勞勃・孟岱爾導師的一番話，女生臉上的夢幻表情破碎了，她不由失望道：「啊？這也太沒創意了！您不是說不要存錢嘛！結果您自己卻存了。」

勞勃・孟岱爾導師臉一紅，連咳了幾聲，趕緊補充了一句挽回面子：「可是！我是把獎金以歐元的形式存入銀行的哦！之所以兌換成歐元，是因為我很看好歐元的發展前景！咳咳，回到正題上來，各位知不知道歐元的好處啊？」

學生們大眼瞪小眼地互相望著，好處大家都知道，但是真要說出來，一時半會還不知道該怎麼說。憋了半天，一個男生吐出了兩個字：「穩定？」

勞勃・孟岱爾導師一拍手，鼓勵道：「沒錯！還有沒有別的想法？」受到鼓勵後，一個女生也怯怯地說道：「投資賺錢？」勞勃・孟岱爾導師同樣對這位女生給予了肯定。

於是大家七嘴八舌地說起來，說到最後，勞勃・孟岱爾導師都有些傻眼了。於是他掏出手帕擦了擦汗，道：「沒想到這裡學生的想法這麼多！大家說的都很有道理，我把各位的想法總結一下，你們聽聽有沒有道理。」

勞勃・孟岱爾導師講道：「當然，歐元最重要的作用，就是給歐盟國家帶來了積極的影響。大家知道，歐洲是一個巨大的消費市場，不僅歐盟國家相互有合作往來，就連其他大洲的國家也都願意去歐洲消費。這是為什麼呢？正是因為歐元穩定了歐洲市場，這種較為單一的貨幣形式消除了匯率風險，降低了交易費用，增加了市場的透明度。」

「您的意思是，歐元穩定了歐洲的消費市場？」王羽軒說道。

「不錯，」勞勃・孟岱爾導師說道，「大家可以想一下，歐洲就這麼大，法國人去德國買火腿，就像香港人去深圳買醬油一樣近。如果買個火

腿還要把法郎換成馬克，這就太麻煩了。」（如圖 11-4 所示）

歐元之前的歐洲貨幣

德國——馬克
法國——法郎
義大利——里拉
比利時——法郎
愛爾蘭——愛爾蘭鎊
西班牙——比塞塔
葡萄牙——埃斯庫多
奧地利——先令
荷蘭——荷蘭盾

但我需要馬克。

我只有法郎。

圖 11-4 歐元的好處

「此外，歐元的使用可以減少金融方面的巨大成本，進一步提高歐洲的競爭力。」勞勃‧孟岱爾導師說道，「各位知道，2020 年之前，英國還尚未脫離歐盟時，單憑英、法、德等國的力量是不足以與美國抗衡的，但歐盟是個強大的後盾，這使得歐元能和美元相提並論，並為歐盟解決國際金融市場的動盪提供有利的條件。」

勞勃‧孟岱爾導師有些驕傲地說：「歐元有利於促進物價的穩定，就像剛才那位男同學說的，歐元可以增強大眾的信心，創造一個穩定的金融市場環境。」

「當然，歐元還直接為歐盟的內部建設帶來很大活力。」勞勃‧孟岱

爾導師說道，「歐元把歐元區各國獨立的資本市場合併到一起，促進了一個靈活的勞工市場，而且這個市場可是沒有關稅和銀行管理問題的哦！非常和諧！」

勞勃‧孟岱爾導師頗為神往地說道：「歐元還促進了歐洲經濟整合，這是一個非常聰明的決策，它提高了歐盟國家在國際經濟中的地位，歐元甚至對歐盟在國際政治中的影響產生了重要作用。」

勞勃‧孟岱爾導師壞笑道：「各位應該知道我為什麼投資歐元，作為規模較大的貨幣，歐元的風險肯定比多數小規模貨幣小很多，其實，歐元對你們的影響也很大呀！」

「啊？歐元跟我們有什麼關係啊？」一個女生不由得脫口而出，隨即不好意思地笑了笑。

勞勃‧孟岱爾導師認真地說道：「在這個全球經濟一體化的時代，歐盟當然對亞洲也有不小的影響啦。從歷史進程看，隨著歐元的推出，歐盟國家對亞洲的投資也會穩定增加。國家要一直保持穩定發展，這需要大量的資金，也需要相對穩定的外部投資呀。」

那個女學生恍然大悟地點了點頭，勞勃‧孟岱爾導師接著說：「歐元把歐盟建立成一個統一、有效、成熟、流動性好的資本市場，這也有利於亞洲政府籌措資金，發行歐洲債券。」

「歐元的影響還不止這些呢！」勞勃‧孟岱爾導師繼續說道，「雖然現在的外匯儲備中歐元的比重已經足夠，但考慮到歐元的保值和增值因素，國家的外匯儲備結構也需要做出調整喔！因為歐元有長期的優勢！」

勞勃‧孟岱爾導師頗為自得地說道：「所以，我把獲得的諾貝爾獎金，大部分都買了歐元，這也是我眼光長遠之處呀。」

王羽軒不由得有些佩服這位自戀的勞勃‧孟岱爾導師了，他好像絲毫

不具備華人傳統的謙虛美德，動不動就要自誇一番。

　　勞勃・孟岱爾導師悠然自得地說道：「還不止如此呢，歐元把歐盟綁在了一起，歐盟需要亞洲的勞動力和產品，而亞洲又需要歐盟國家的技術，兩者形成了強烈的互補性。歐元也使得歐盟和亞洲國家在合作的時候更加便利！」

　　勞勃・孟岱爾導師說道：「早在 2002 年，歐元就全面取代了歐盟各國的貨幣，進出口貿易統一按歐元結算。歐盟國家因此能省下 280 億美元的匯兌費，提高商品競爭力。而亞洲的外貿企業，也能省掉不同幣種之間的匯兌和風險，節約成本。雖然英國在 2020 年 1 月 31 日『脫歐』 —— 這真是令人遺憾 —— 不過，歐元與歐盟的歷史作用還是不應該被忽視的。」

　　大家恍然大悟，原來歐元對消費竟然有這麼多好處！

　　孟岱爾導師微笑地看著大家，然後有些遺憾地說道：「好了，各位，今天的課程就到這裡了，有機會我們再見！晚安！」

　　禮堂裡立刻爆發出熱烈的掌聲，送別這位可愛睿智的經濟學家。

第十二章
薩繆森導師主講「社會分配」

本章透過四個小節，講解了保羅・薩繆森的「社會分配」理念。薩繆森是當代凱恩斯主義的集大成者，經濟學的最後一個通才。他首次將數學分析方法引入經濟學，幫助在經濟困境中上臺的甘迺迪政府制定了著名的「甘迺迪減稅方案」，並且寫出了一部被數百萬大學生奉為經典的教科書《經濟學》。為了幫助讀者更好地理解薩繆森的「社會分配」理念，作者用幽默詼諧的文字將他的觀點呈現給讀者，感興趣的讀者不容錯過。

保羅 · 安東尼 · 薩繆森

　　Paul Anthony Samuelson，1915.5.15-2009.12.13，1935 年 畢業於芝加哥大學，隨後獲得哈佛大學的碩士學位和博士學位，並一直在麻省理工學院任經濟學教授，是麻省理工學院研究生部的創始人。

　　薩繆森的經典著作《經濟學》以 40 多種語言在全球銷售超過 400 萬冊，成為全世界最暢銷的經濟學教科書，影響了一代又一代的人。他於 1947 年成為約翰 · 貝茲 · 克拉克獎的首位獲得者，1970 年，55 歲的薩繆森成為第一個獲得諾貝爾經濟學獎的美國人。

第一節　稅收對人民生活的影響

　　伴隨著對週六的期待，王羽軒走進了禮堂的大門。

　　12 點鐘聲敲響，女生們的討論立刻停止了，大家都伸長了脖子盯著講臺，期盼導師閃亮登場。

　　在一片煙霧中，一個身影緩緩出現了。「啊！我的天！」大家發出了驚呼，但並不是驚喜，而是驚訝。因為從煙霧中緩緩走來一位老人！

　　老人有一張國字臉，鼻子很大，戴著一副大黑框眼鏡，他穿了一身筆挺的西服，並且配了一個可愛的紅領結，有點像老年版的名偵探柯南。然而，筆挺的西裝並沒有讓他的步伐變得矯健。

　　老人緩緩地開了口：「各位晚上好，我是今天的導師保羅 · 薩繆森。」

　　大家對薩繆森導師報以熱烈的掌聲。

　　薩繆森導師笑著說：「大家都知道，國家若想發展，稅收是必然會出現的。因為稅收不但是國家經濟的命脈，也是國家發展的支柱。稅收是國

家為實現其職能，憑藉其政治權力頒布法律、法令，徵收稅款。」

「當然，稅收對國家經濟有很重要的調節作用，」薩繆森導師講解說，「主要表現在國家的宏觀調控方面，及對個人收入的調節。畢竟，稅收在『用之於民』方面最重要的表現就是公共服務嘛。」

大家都點了點頭。

薩繆森導師介紹道：「稅款原就是取之於民，用之於民的。如果每個人都能自覺繳交稅款，稅款就能給人們帶來回報。在各位的日常生活中，想必也能隨時感受到稅收帶來的便利。比如公園、學校、馬路，包括馬路邊的一排排路燈等，這些公共設施基本上都是用稅收建成的。」（如圖12-1 所示）

圖 12-1 稅收為人們帶來的便利

「如果您不說，我還真沒覺得稅收的用處這麼大，畢竟現在逃稅漏稅的新聞屢見不鮮。哎，一想到以後的生活中沒有路燈，沒有公園，我就覺得稅收對國民經濟真的很重要了。」有人說。

薩繆森導師笑著說道：「是啊，就像政府號召的那樣，納稅是每個公

民應盡的義務，每位納稅人都應該為自己繳了稅感到自豪，因為稅收直接與國家建設掛鉤。」

學生們都表示贊同，王羽軒也認為稅收很必要。畢竟稅收就是讓國民為國家經濟多做貢獻，把國家建設成一個更加富強的國家。

其他學生也被薩繆森導師的話深深打動了，是啊，自己以前都沒有發現，原來稅收為老百姓帶來了這麼多好處。

國家為義務教育階段的中小學生免除了學雜費。稅收能讓貧苦家庭少繳點錢，減輕家庭負擔。後來，隨著人們逐漸意識到納稅的好處，納稅的人也變得越來越多。

薩繆森導師說道：「稅收不僅能用在教育上，還可以用在城市的維護建設與科技研究上，稅收能讓政府修鐵路、建大橋、開發土地、綠化家園等，這些都是稅收給老百姓帶來的益處。」

是啊，王羽軒連連點頭，稅收還能支援有機蔬果的研究，使人們吃上更安全的蔬菜和水果，像這樣的例子真是數不勝數。

「稅收的本意是『取之於民，用之於民』的，所以，稅收應該只服從於國家維護社會秩序、保障經濟發展的目標。如果稅收部門不考慮人民的需求，只考慮自己的利益，那稅收就會變成人民的負擔，也失去它原本的意義了。」薩繆森導師犀利地說道。

在薩繆森導師看來，對稅負最有發言權的無疑是廣大納稅人，至於財政部門的專家們還是不應該過多地參與。

薩繆森導師攤手道：「把那些減稅的想法，切實有效地落實到財政稅收政策上，減輕企業和個人的負擔，這樣才能讓投資和就業增加，讓經濟走出低谷，回到健康的發展軌道上來！」

薩繆森導師似乎深有體會地說道：「現實中的稅負，讓已那些在金融

危機中備受打擊、生存艱難的中小企業已經吃不消了，而這些中小企業，正是創造產值和就業，推動經濟成長的『生力軍』啊！」

王羽軒和其他學生看到薩繆森導師無奈的表情，紛紛猜測他是不是開過公司，所以感觸良多。

薩繆森又道：「但就像我之前說的那樣，稅收還是好處多多的，但要酌情度量！」

薩繆森導師雙眼放光地說道：「宏觀稅負是指政府徵收的稅收總額占全國生產總值的比率。既然說是稅負，那自然是指全體納稅人的總負擔，也就是由政府徵收的，由納稅人承擔的費用總和，這可是一筆不小的錢啊！

當然，就像我說的，如果稅負過高，就會影響企業正常發展，也不利於企業持續經營，政府的利益也會受到破壞。所以啊，政府就該把稅負控制在一個合理的水準上，這也是一個國家穩定發展的必要手段。」薩繆森導師笑著說。（如圖 12-2 所示）

經濟學家語錄：
政府就該把稅負控制在一個合理的水準上，這也是一個經濟體穩定發展的必要手段。

圖 12-2 稅負控制

等大家筆記得差不多了，薩繆森導師又拋出了一個問題：「各位，你們知道薪水源自於哪裡嗎？」

第二節　薪水來自社會財富分配

　　學生們聽這個問題都有些不屑一顧：「還用問嗎？當然是來自老闆手裡啊！」薩繆森導師模仿著學生們的語氣，不屑一顧地問：「那老闆的錢來自哪裡啊？」學生們有點糊塗了。

　　有一個膽大的男生喊道：「來自大老闆手裡！」大家都笑了。薩繆森導師對學生們做了個鬼臉，接著問：「那大老闆的錢從哪裡來啊？」

　　幾個女生竊竊私語道：「從銀行裡來。」薩繆森導師沒有追究她們的無禮，而是繼續問道：「銀行的錢又從哪裡來？你們可別跟我說是印出來的！」

　　大家都笑了，王羽軒暗暗吐槽道：我剛想說是印出來的，看來薩繆森導師還挺懂我們的。

　　薩繆森導師擺擺手，無奈地說：「我先為各位講一下什麼是財富吧？財富就是我們可以使用的物品，比如糧食、衣服、汽車、飛機、道路等都是財富。」

　　有學生較真道：「導師，空氣跟水是財富嗎？」薩繆森導師不屑地說：「我還沒說完呢！這些被稱之為財富的物品，必須具備『購買力』，如果你必須要靠買空氣才能呼吸，那空氣就可以叫做財富。」

　　這位學生不好意思地撓撓頭。薩繆森導師繼續講道：「那麼財富用什麼來衡量呢？國家的財富是用國內生產毛額（GDP）來衡量的，就是一年所創造的上面所說的糧食、衣服、汽車、飛機、道路等，綜合加起來就形成了國內生產毛額。」

　　王羽軒聽大學導師講過，糧食和礦產屬於初級財富；汽車、飛機、道路等屬於高級財富；再高級一些的財富就是衛星、太空設備等。

　　薩繆森導師聳了聳肩，說道：「這樣一來，各位就明白了財富的概

念。請各位豎起耳朵聽好，下面我要講財富的分配了！」

　　薩繆森導師得意地說：「我先給各位講個魯賓遜漂流的故事吧！大家一定要仔細聽啊，我這個版本跟原著可不一樣！」

　　某天，魯賓遜流落荒島，恰好在海盜船裡撿了 40 枚金幣，於是對僕人星期五說：我們來建設荒島吧！然後二人平分了 40 枚金幣。

　　總結：魯賓遜的金幣是 20 枚，星期五的金幣也是 20 枚，總財富沒有變化，還是 40 枚。

　　第二天一早，魯賓遜餓了，於是花了 5 枚金幣讓星期五給他烤條魚吃。吃完烤魚，星期五想聽魯賓遜講故事了，魯賓遜說：聽我講故事要 5 枚金幣。於是星期五乖乖地付了 5 枚金幣。

　　總結：魯賓遜的金幣是 20 枚，星期五的金幣也是 20 枚，依舊沒有創造財富。

　　第三天，魯賓遜打算蓋房子，星期五說他要買下。魯賓遜說：房子要 25 枚金幣，於是星期五寫了張借據，從魯賓遜手裡借走了 5 枚金幣，並約定一週後，連本帶利還給魯賓遜 10 枚金幣。

　　「注意！這時候，金融市場就誕生了！」薩繆森導師強調了一句，然後接著講這個故事。

　　總結：魯賓遜獲得了 40 枚金幣，還有一張價值 10 枚金幣的借據。星期五 0 枚金幣，總財富有 50 枚金幣，二人創造了大約價值 10 枚金幣的財富。但是一週後，星期五沒辦法償還 10 枚金幣，荒島經濟危機爆發。

　　「這時候，荒島必將出現 3 種情況！」薩繆森導師斬釘截鐵地講道。

　　第一種情況：魯賓遜說：算了，你幫我烤兩次魚，我們的帳就一筆勾銷。於是星期五烤了兩次魚抵債。魯賓遜還有 40 枚金幣和星期五的兩次烤魚，總財富等於 50 枚金幣。

- **第二種情況**：魯賓遜急了，說：不行！沒錢就要你償命！於是借據變成了廢紙。魯賓遜只有 40 枚金幣，星期五死亡，總財富是 40 枚金幣。

- **第三種情況**：星期五拚命在荒島上找金幣，意外發現了另一艘海盜船，找到了別人留下的 10 枚金幣還給魯賓遜。於是魯賓遜有 50 枚金幣，星期五虧了 10 枚金幣，總財富等於 40 枚金幣。

「星期五在第三種情況中的舉動被稱為債務貨幣化，這是解決經濟危機的重要手段。」薩繆森導師總結道，「由此可見，荒島上新的財富來源於兩個途徑：直接獲得金幣；創造金幣的替代品，也就是借據。」

薩繆森導師拍了拍手，說道：「從需求看，財富就是物品和服務，其本質就是人的欲望！而薪水，就是無數次的財富分配！」（如圖 12-3 所示）

圖 12-3 分配公義

薩繆森導師有些狡黠地笑著說：「現在西方社會的財富分配還是『金字塔』結構的，越接近頂端就可以分配到越多的財富，所以人們想到的便是努力讓自己在『金字塔』上的位置更高。」

大家都被薩繆森導師逗得前仰後合，但是薩繆森導師說的似乎又很有道理，讓人無法反駁。

薩繆森導師接著說：「所有人類的活動都跟經濟掛鉤 —— 說白了，政治就是分錢，戰爭就是搶錢，理財就是生錢，人類所有活動都是圍繞財富的分配，也就是分錢進行的。這回大家都明白薪水是哪裡來的了吧？！」

學生們紛紛點頭，薩繆森導師神祕一笑：「那，我就又要發問啦。請問各位，畢業後都打算去做些什麼呀？」

第三節　求職難與求才荒的悖論

這個問題讓大家都傻眼了，這算什麼經濟學問題呀？

可是，保羅・薩繆森導師卻說道：「各位現在還是大學生，不懂社會的艱辛呀，年輕人總要提前為自己的未來規劃思考呀！」

這時，一個女生舉手說道：「保羅・薩繆森導師，我是一名大四的學生，在很多地方都投了實習履歷。在投履歷之前，我覺得以我的學歷和能力，肯定有很多企業要我 —— 因為各類求職和招募類資訊簡直讓我看到眼光撩亂！而且光是本地就有數不清的求職職位！可是，我的履歷投出去就像石頭沉進了大海裡，不光是我，我身邊的很多同學都找不到實習的地方，這到底是怎麼回事啊？」（如圖 12-4 所示）

圖 12-4 求職難與求才荒

保羅・薩繆森導師笑道：「其實，出現這種情況的原因很簡單。我提幾個問題，大家就知道出現這種經濟學現象的原因了。」

保羅・薩繆森導師笑著說道：「想想你身邊有沒有上技術校院的同學，他們是不是很快就找到了工作？」

大家立刻點了點頭。

「是啊，我有個學汽車修理的朋友，人家技術學校還沒畢業，就已經跟好幾家汽修廠取得聯絡了，現在已經是高級汽修工程師了。」「哎，還說呢，我有個學廚師的同學，人家在鄉下的月薪都超過 5 萬元了。」

在保羅・薩繆森導師的引導下，大家你一言我一語地吐槽起來。

等大家討論差不多了，保羅・薩繆森導師微微一笑，又拋出一個犀利的問題：「好，我再問問投履歷失敗的朋友們，你們收到的回覆中，企業方都給什麼理由？」

一些大四的學長們一聽這個問題，立刻叫苦連天：

「人家說，想要一上來就能工作的，不想花時間培養我們。」「人家說大學生除了書本知識外，毫無社會經驗。」「大部分公司都懶得回信給我！」

一個學長憤然道：「薩繆森導師，您說培養我這麼一個大學生容易嗎？我家裡花著錢，花著時間，讓我從寒冬讀到酷暑，好不容易上了大學，結果畢業後，人家點名不要大學生，那我讀這個大學做什麼？」

「是啊是啊！」學長的話引來大家的共鳴。

可是，保羅·薩繆森導師卻搖了搖頭，道：「你自己也說了，國家和你的家人培養你不容易，所以大學畢業後，你肯定想找一份好工作。可是，頂尖的企業競爭激烈 —— 恕我直言 —— 以你的能力目前很難進去，而普通企業又想花更少的錢，獲得更專業的人才。這裡的專業人才是技術專業人才，而非理論專業人才，你能聽懂嗎？」

學長搖了搖頭，王羽軒卻有點聽懂了：「您的意思是說，大學生因為前期付出多，所以在選擇工作時容易『高不成低不就』，企業與其花成本培養大學生，不如直接錄取技術校院生？」

「不錯，」保羅·薩繆森導師表揚道，「可是，隨著國民教育意識的加深，國家和家庭都想讓孩子『上個好學校』。什麼是『好學校』呢？在絕大部分家長的眼裡，國立大學才是好學校。連私立大學都不能算好，更別提技術校院了。所以，有些本可以上技術校院的孩子會被家裡要求重考，直到考上大學為止。這就造成技術校院生的減少。所以，現在出現了大學生求職難、企業出現求才荒。歸根究柢，這種現象就是國家在公共服務方面的分配還需要更完善。」

大家都恍然大悟。王羽軒暗想道：「確實，企業不想找大學生，是因為大部分大學生只會背書，而沒有實踐經驗。可有實踐經驗的技術校院生

卻因為人才培養的結構性問題而大大減少，怪不得現在年輕人找不到工作，企業也徵不到好員工呢。」

一位女學生有些擔憂地說道：「那我們該如何改變這種情況呢？」

保羅·薩繆森導師說：「很簡單，人才培養結構性問題原本就屬於經濟學公共服務範疇。一個國家在建設教育資源、構建教育體系時，其實就是社會資源透過教育管道向全社會普及的一個過程。要想解決這個問題，就要從公共服務中教育的部分著手，將教育投資的比例多分一些給職業教育，同時針對職業教育實施一系列優待政策，培養職業教育人才，培養職業技術人才，這樣就可以解決企業求才荒的問題了。」

王羽軒點了點頭，不錯，從源頭找原因才能真正解決問題。

薩繆森導師笑著說道：「其實我還蠻喜歡你們的多元入學制度，因為多元入學給了普通人一個向上爬的通道，它是現行社會中難得的相對公平的制度，這種制度也是國家透過社會重新分配來消除社會階層壁壘的方式。」

保羅·薩繆森導師喝了口咖啡，繼續說道：「至於解決求職難的問題，其實也跟解決求才荒差不多。國家在高等教育方面要加強實踐訓練的比例，不能讓大學生們只局限於書本理論知識。你們不是很喜歡一句話，叫『實踐是檢驗真理的唯一標準』，大學生也要多一些實踐才行啊！」

「可是，要如何增加實踐呢？」一位女生弱弱地問道。

「這個就要看國家在公共服務方面的投入了。」保羅·薩繆森導師說道，「在我看來，最好的辦法就是政府號召大學與當地一些企業合作，大四的時候，學生們可以去這些企業實習，這也是為大家能夠更好地適應社會做準備。」

「您的提議真不錯！如果真能這樣，我們也不用為找工作發愁了！」剛才發言的學長一臉心馳神往。

保羅・薩繆森導師笑咪咪地說道：「其實，現在有不少大學就是這麼做的。對了，各位，如果大家要找工作，是喜歡找國營企業還是私人企業啊？」

第四節　國營企業應該退出歷史舞臺？

薩繆森導師的問題一拋出，大家都吵鬧起來。

「當然去國營企業了！」

「誰說的？國營企業早不是『鐵飯碗』了，我肯定去私人企業！」

「就算國營企業不是『鐵飯碗』，那我也想去國營企業！」

等大家討論的差不多了，薩繆森導師這才總結道：「看來，很多人還是青睞國營企業呀。不過，也有一部分同學覺得私人企業更好。

「那麼，各位覺得，當今市場應該是『國進民退』，還是『民進國退』呢？」薩繆森導師笑咪咪地說道，「噢，對了！補充一點，這裡的國營企業，指的是那些體制僵化，不思進取，只會拖國家後腿的國營企業哦！目前，很多國營企業還是經營得相當出色的，希望大家不要曲解我的意思！」說完，薩繆森導師調皮地眨了眨眼睛。

薩繆森導師的問題一拋出，一位男生便不假思索道：「當然應該是國退民進！那些『吃飽不做事』的國營企業，早就應該退出歷史舞臺了！」

薩繆森導師揮了揮手，說道：「各位，在講述這個問題之前，我先為大家講講自己的經歷。」

薩繆森導師笑著說：「20 年前，我在加拿大一家國營銀行存了 1 萬加幣，銀行說每年給我 0.2 的利率。前幾天我去領錢，本來應該能拿到 4 萬

多加幣，但銀行卻拒絕了我。他們說利率過高，不符合規定，這就是『高利攬存』的騙局。我詢問銀行員工，你猜他們怎麼回答？」

大家紛紛搖頭，但看薩繆森導師的表情，也知道他們沒說什麼好話。薩繆森導師無奈地說道：「他們竟然說：銀行當年已經錯了一次，如今不能再錯第二次。這種理由簡直就是強詞奪理。既然這樣，為什麼當年就不知道要制定金融秩序呢？非等我多年後來取錢的時候才告知我？」

學生們聽完薩繆森導師的遭遇，也紛紛表示心疼。薩繆森導師也沒辦法，雖然他是著名的經濟學家。

一位男生突然說道：「看來，這些國營企業應該退出歷史舞臺！而且，它們還壟斷了石油，這根本不利於市場發展！」

「孩子，你先不要著急下結論。其實，石油產業、石油化學產業被國營企業壟斷還是挺正常的。」薩繆森導師說道，「我的國家加拿大也是如此，加拿大的石油產量可是很高的，但石油也是被國營企業壟斷的。」

「可是，按照您之前的說法，讓國營企業參與市場不是不公平嗎？國家經營企業，就相當於一個人既當裁判員，又是運動員，這對其他運動員能公平嗎？」一位女生說道。（如圖 12-5 所示）

「你這個比喻我倒是很喜歡，」薩繆森導師笑著說道，「不過，某些國家的關鍵資源，還是應該由國家管理。」薩繆森導師嚴肅地說道，「比如能源資源行業，這是涉及國家策略發展的，所以必須由國家來控制。除此之外，一些基礎、綠色產業也需要由政府來培育和支持。」

「照您這麼說，國營企業不應該退出市場了？」一位綁馬尾的女生問道。

圖 12-5 「起跑線」

　　薩繆森導師搖了搖頭：「不，孩子，從經濟學的角度看，國營企業確實應該退出市場。但是，不論在哪種經濟體制下，政府都需要建立一些企業來負責其他公司無法或不願意承擔的任務。例如大型基礎研發專案就需要由國營企業負責，核心的國防工業也必須由國營企業來執行。當然，如果有某些私營企業有生產國防物品的能力，政府也可以將一部分產品外包給這些企業。」

　　「我明白了，」王羽軒恍然大悟道，「國營企業其實並不應該退出歷史舞臺，它只是應該在某些領域退出。但一些關鍵企業掌握在國家手裡更放心。」

　　薩繆森導師點了點頭，道：「可能有些經濟學家覺得，企業是國營或私營的關係不大，但我要說根本不是。國營企業和私人企業從一出生，起點就不平等：因為國營企業的股東是國家，這就讓國營企業在法律面前更

有優越感。」薩繆森導師說道,「但如果一個國家的大企業全部採用國有制,長此以往,即使是法治社會也會慢慢腐蝕蛻變!因此,國營企業是時候退出部分領域的歷史舞臺了。不過,就像剛才這位同學說的那樣,國營企業還是有其存在的必要性的,一些國家命脈資源,還是握在國家手裡更讓人放心。」

「對了,各位知道國營企業是如何參與社會分配的嗎?」薩繆森導師笑著問道。

一個女生想了想,說道:「靠稅收。」

「嗯,妳說得對,也不對。」薩繆森導師說道,「首先,我們要明白一點,那就是國營企業是直接創造利益給國家的,這種利潤可以透過國家收入和政策支出來進行直接分配。而私人企業的利潤是自己的,它只是繳給國家一部分稅,國家再透過各種方式進行分配。而且,有一些不賺錢的領域我們只能依靠國營企業完成,比如自來水、公共交通等。所以,國營企業參與社會分配不僅僅是利潤直接參與,還是社會資源在整個社會中的調配,人力資源、薪資分配以及自然資源等。」

「我們明白了,」同學們紛紛點頭,「唉,之前是我們太偏激了。看來,國營企業確實不應該退出歷史舞臺啊!國家經濟還需要國營企業參與以進行社會分配呢!」

「是啊,說得不錯。」薩繆森導師搓了搓手,然後對臺下鞠了一躬:「各位,跟大家在一起真的很愉快,但愉快的時光總是特別短暫。」

大家都有些依依不捨,薩繆森導師對臺下眨眨眼,狡黠地說:「大家不要難過,下節課的導師是位很有魅力的導師哦!你們一定會喜歡他的!」

就這樣,學生們帶著憧憬和不捨,用熱烈的掌聲送別了薩繆森導師。

第十三章
傅利曼導師主講「貨幣」

本章透過四個小節，講解了彌爾頓·傅利曼的貨幣供給理論。彌爾頓·傅利曼的政治哲學強調自由市場經濟的優點，並反對政府的干預。他的理論成了自由放任資本主義的主要經濟根據之一，並且對1980年代開始美國以及許多其他國家的經濟政策都產生了極大的影響。傅利曼對貨幣經濟有深刻研究，為了幫助讀者更好地理解這一理念，作者將傅利曼的觀點熟練掌握後，又以幽默詼諧的文字呈現給讀者。

彌爾頓‧傅利曼

　　Milton Friedman，1912.7.31-2006.11.16，美國當代經濟學家、芝加哥大學教授、芝加哥經濟學派代表人物之一，貨幣學派代表人物。以研究總體經濟學、個體經濟學、經濟史、統計學及主張自由放任資本主義而聞名。

　　1976 年 1976 年取得諾貝爾經濟學獎，以表揚他在消費分析、貨幣供給理論及歷史、穩定政策複雜性等範疇的貢獻。有趣的是，傅利曼是另一位芝加哥經濟學派代表人物、法律經濟學奠基人艾朗‧戴維德的妹夫。其著作《資本主義與自由》於 1962 年出版，提倡將政府的角色最小化以讓自由市場運作，以此維持政治和社會自由。

第一節　金銀天然不是貨幣

　　坐在座位上，王羽軒想：今天晚上又會是哪位導師帶來精彩一課呢？

　　當學生們在禮堂坐定後，一個頭髮花白但步伐矯健的老人快步走上了講臺。他長得有點像某位電影明星。

　　這位導師歡快地說：「晚上好啊各位學生們，我是各位今夜的經濟學導師彌爾頓‧傅利曼！」

　　王羽軒聽見有些女同學議論說：「傅利曼導師年輕時一定是個帥哥。」他不由得暗暗不屑：只有講得好，那才是真的帥氣。

　　「我要跟各位講一講有關貨幣的知識。」傅利曼導師笑咪咪地說，「貨幣呀！同學們，這應該是人人都愛的東西吧？」

　　大家都露出了心照不宣的表情，彼此相視一笑。王羽軒也不由佩服，他心裡暗想：傅利曼導師還真是，一下就抓住了大家的喜好。

　　傅利曼導師歡快地說：「各位應該都知道，在漢字中，貨幣的『貨』字，下面是一個貝，這說明什麼？說明人類最早的貨幣是貝殼。」

　　王羽軒看到有些同學露出驚訝的表情，自己也有些不解。是啊，貝殼又脆又不好保存，怎麼能當錢呢？

　　傅利曼導師彷彿猜到了大家的心思，接著說道：「原始社會是一個物物交換的時代，原始人會拿自己的物品交換所需要的物資。比如一頭羊能交換一把石斧，或者一頭牛交換兩隻羊等。當然，不是每一家都養羊的。」

　　傅利曼導師笑著說道：「沒有羊，或者對方不需要羊怎麼辦呢？原始人只能找一種大家都能接受的物品作為交換媒介。於是，貝殼、石頭、金銀等物開始逐漸演化成貨幣。」

　　這時，一位女生高高地舉起手來，表示自己有問題要問，傅利曼導師似乎有些意猶未盡，但他還是請這位同學站起來發言。女生問道：「請問導師，如果石頭是貨幣，那原始人就可以滿大街撿錢啦？」

　　學生們都笑了起來，傅利曼導師也笑了，他說：「是呀，妳想到的問題，原始人同樣也能想到。所以金屬貨幣開始出現，完全取代了貝殼和石頭，這也是我接下來要重點講解的內容。」

　　傅利曼導師示意女生坐下，然後接著講道：「經過長年的自然淘汰，人類開始用金屬取代貝殼和石頭。因為金屬貨幣需要人工製造，無法直接從自然界獲取，同時還能長期保存，這使得數量較少的金、銀、銅逐漸成為貨幣。某些國家甚至還使用過鐵幣。」

傅利曼導師頓了頓，笑著說道：「你們的馬克思導師曾經說過：『金銀天然不是貨幣，但貨幣天然是金銀。』這句話各位都聽過嗎？」

有些同學立刻表示聽過這句話，但大部分同學一臉茫然。確實，馬克思導師主要講的是剩餘價值，他幾乎沒有談及貨幣這個內容。

傅利曼導師笑咪咪地說：「沒關係，關於『金銀天然不是貨幣』這句話，我來為各位詳細解釋一下原因。」

「首先我們來看金銀的好處。」傅利曼導師說道，「大家應該都知道『真金不怕火煉』這句話吧？金銀耐高溫，而且是貴金屬，種類稀少，耐腐蝕，易分割，不生鏽。所以各個國家都願意選擇金銀作為貨幣。」

大家紛紛點頭，看來金銀成為貨幣是市場自然選擇的結果，所以更容易充當價值尺度、交換媒介和保值手段。（如圖 13-1 所示）

經濟學家語錄：
金銀成為貨幣是市場自然選擇的結果，所以更容易充當價值尺度、交換媒介和保值手段。

圖 13-1 金銀天然不是貨幣

傅利曼導師接著講道：「最初的金幣在標明價值時，與其本身的重量所值是一致的。我不清楚中國古代是否有過金幣，但金元寶和碎銀子是有的。它們與銀元和銅板一起，都能作為貨幣使用。這些金屬本身就有其價

值含量。因此金銀本身是有價值的，大家同意我的話嗎？」

學生們紛紛點頭表示同意。傅利曼導師滿意地笑了笑：

「然而，由於金銀稀少且沉重，它們越來越不能滿足流通的需求。此外，金屬貨幣磨損嚴重，自從金銀作為貨幣開始流通以來，至少在鑄幣廠或人們的手中和口袋中磨損掉了兩萬噸。於是，方便快捷的紙幣應運而生。」

王羽軒點點頭，他在歷史課上學過，世界上最早的紙幣是宋朝的「交子」，出現在中國的四川地區。

傅利曼導師慢悠悠地拋出一個問題：「各位想想，紙幣本身有價值嗎？」

「有吧？」一個男生說道，大家紛紛點頭。

傅利曼導師一臉得意地說：「哈哈，錯了！紙幣是什麼？就是金銀的替代品啊！這麼跟大家說吧！紙幣就是一種符號，所以紙幣本身是不存在價值的！」

王羽軒點頭表示聽懂了，加上傅利曼導師前面說的，黃金具有絕對可靠性，所以紙幣的信用要用黃金的儲備量來擔保。也就是說，貨幣量要和黃金儲備量一致，紙幣只不過是黃金的標誌罷了。

傅利曼導師接著說：「為什麼說貨幣天然是金銀呢？其實從貨幣的起源方面，就能很好地理解這個問題。它就是充當金銀的一般等價物！說白了，貨幣一生出來，就被當作金銀看待。所以貨幣天然是金銀。」（如圖13-2所示）

圖 13-2 紙幣代替品

「而金銀天然不是貨幣，這句話就更容易理解了。」傅利曼導師笑著說，「金和銀屬於礦物，它們怎麼會天然是貨幣呢？它們天然是礦物，而不是貨幣。」

看到大家恍然大悟的樣子，傅利曼導師也很滿意。但他立即換上了嚴肅的語氣：「如果發現一個大金礦，無疑是件高興事情，可是如果貨幣發行量過大，那就變成大災難了。」

大家一聽紛紛咋舌，什麼？貨幣發行多了有這麼嚴重？該不是危言聳聽吧？

傅利曼導師搖頭晃腦地說：「大家都不信呀？好吧，那我就給各位講講貨幣過量供應的嚴重性！」

第二節　貨幣過量供應的嚴重性

大家都被傅利曼導師嚇了一跳，王羽軒聽見一個男生小聲道：「錢發多了，那就多花點，有什麼嚴重的……」

「哎！這位同學說得很好。」傅利曼導師竟然給他鼓了鼓掌，「貨幣多發了，就會讓人們多花錢，錢多了就不值錢了，所以超發的後果就是通貨膨脹，通貨膨脹就像是貨幣的殺手，會在你無意識的情況下『偷走』你的錢！」（如圖 13-3 所示）

圖 13-3 通貨膨脹

傅利曼導師這一拍手，倒是把那個男生嚇了一跳。但仔細想想傅利曼導師的話，似乎還真是這個道理。

王羽軒知道通貨膨脹的嚴重性，如果流通中的貨幣數量遠遠超過實際需要的數量，就會引發貨幣貶值，然後造成物價水準持續上漲，也造成貨幣購買力下降。

傅利曼導師轉身在黑板上寫下一個公式：**MV = PT**。然後對大家講道：「**M**是貨幣的總量，**V**是貨幣的流通速度，**P**是物價水準，**T**是總交換量。簡單來說，如果**P**成長比**T**多，那麼物價水準就會快速上升，進而導致通貨膨脹。」

傅利曼導師說道：「大家可以這麼想，假如你有5個孩子，你給他們每人每天發1張蛋糕券，讓他們用券換蛋糕吃。這樣一來，每個孩子每天都能吃到1塊蛋糕，對嗎？」

大家紛紛點頭。傅利曼導師接著說：「但是，你特別偏愛小兒子，於是偷偷塞給他2張券，而其他孩子獲得的蛋糕券還是1張。問題來了！冰箱裡只有5塊蛋糕。就等於券變多了，蛋糕供給不足，所以蛋糕在孩子之間就漲價了。」（如圖13-4所示）

圖13-4 貨幣過量供應

　　大家都沉默了，人人臉上都是若有所思的表情。傅利曼導師趁熱打鐵道：「各位一起分析一下我的比喻。蛋糕真漲價了嗎？其實不是，只是購物券不值錢了。我把這個比喻用到現實中，大家就更清楚明白了。」

　　傅利曼導師笑咪咪地說：「大家都知道，現在不僅是豬肉漲價，就連白菜的價格都不斷上漲。就拿豬肉來說吧！按照現在豬肉的漲價速度，養豬的經營狀況應該是很好的，對嗎？」

　　大家都紛紛點頭稱是，只有一個女生大聲說：「不對！我家就是養豬的，但我家經營狀況現在很不好！」話音剛落，這個女生立刻不好意思地低下了頭。

　　傅利曼導師神采飛揚地說：「看來還是有受害者的呀。沒錯，養豬的經營狀況也堪憂。為什麼呢？因為漲上來的錢沒有被任何產業鏈環節賺走，錢到哪兒去了呢？就像我上個比喻中的蛋糕一樣，被通貨膨脹稀釋掉了！」

　　在場的學生們都倒吸了一口涼氣，原來貨幣發多了，是兩邊不討好的事情啊！買方只能買到高價貨品，同時賣方又賺不到錢，何等淒涼。

　　傅利曼導師接著說：「通貨膨脹的危害不僅止於此，由於紙幣貶值需要一定的時間，貨幣超發可能會造成長時間的通脹，導致物價水準的持續上升，影響整個社會的經濟穩定性。甚至可能需要十幾年甚至一輩子的時間才能恢復正常水準，而且無法確定貨幣超發是否會再度發生。」

　　王羽軒撓撓頭，是啊，如果從無限遠的時間看，多印或者少印點貨幣其實沒什麼關係，但無限遠的時間本身就是沒有意義的。如果當下不穩定，更別提還有沒有以後了。

　　「過量印刷的紙幣從印刷完畢那一刻起就貶值了。」傅利曼導師無奈地說，「想知道實例的同學，可以去看看辛巴威是什麼情況。」

　　王羽軒仔細回憶了一下，不由得暗自驚心，因為他想起來一個關於辛巴威的新聞。

　　辛巴威廢止了原有的貨幣，發行了大量的新貨幣。於是這樣的一幕出現了：一個少年拖著滿滿一衣櫃的原辛巴威幣，在街上逛了一圈，只買了一瓶可樂和幾個餅，就花光了幾年來辛辛苦苦賺來的錢。

　　傅利曼導師也舉了個實例：「1920 年代的德國也發生了通貨膨脹，而且非常嚴重。如果 1922 年年初，物價指數是 1 的話，那 1923 年末，物價指數就飆升到 100 億了！多麼驚人的數字！」

　　傅利曼導師無奈地說：「這就相當於什麼呢？如果一個德國人，在 1922 年初時，辛辛苦苦地存了好幾年，終於存到了 3 億黃金馬克資產。結果短短兩年後，這筆錢連一片口香糖都買不起了。」

　　「請問導師，德國為什麼會出現這種情況啊？」一個女生舉手問道。

　　傅利曼導師無奈地說：「德國是第一次世界大戰和第二次世界大戰的戰敗國，各位都知道吧？」大家點點頭表示知道。

　　傅利曼導師接著說：「德國在第一次世界大戰中失敗後，喪失了 1/7 的領土，同時失去了 1/10 的人口。戰爭讓各行各業，尤其是工業產品大量減少。同時，德國還需要支付 1,320 億黃金馬克的賠款。」

　　「這就讓德國政府不得不靠多發紙幣來度過難關，結果卻陷入災難的深淵。」傅利曼導師嘆了口氣，「當時政府投放了巨額紙幣，大家可想而知，紙幣會迅速貶值，這讓德國的各個經濟部門和百姓家庭生活都受到了致命打擊。」

　　王羽軒聽得連連點頭，是啊，通貨膨脹對經濟影響很大，對戰爭的影響也很大。

傅利曼導師痛心道：「各位想想，如果某國出現了嚴重的通貨膨脹，而且是在戰爭時期，人們就可能用本國貨幣換外幣或黃金白銀，接著──」

傅利曼導師停頓了一下，然後把問題拋給了學生們：「這會導致什麼後果呢？」

王羽軒試著想了一下，不由得說道：「如果國家的真金白銀和外匯儲備量不夠老百姓兌換的，不用打仗，該國就會發生內亂，敵人就會乘虛而入，以此消滅該國！」

傅利曼導師肯定道：「說得沒錯！現在大家知道通貨膨脹的可怕之處了吧？」大家聽完連連點頭。

「那麼，支撐資本家逍遙度日的利潤又是怎樣產生的呢？」傅利曼導師話鋒一轉。

臺下的學生們一臉疑惑，其實王羽軒知道，因為他前一陣子剛聽過擴大內需重要性的報導。

傅利曼導師轉身在黑板上寫了兩個大字──「流通」，然後笑盈盈地望著學生們說道：「下面，我就給各位講解一下利潤是如何產生的。」

第三節　流通是怎樣產生利潤的？

「大家應該都知道，商業利潤是商品的銷售價格與購買價格之間的差額。」傅利曼導師說道，「我們不能單純將商業利潤視為商品的加價所帶來的收益，因為這個利潤餘額並不能完全構成商業利潤，必須使用其中一部分來支付資本家的流通費用。」

　　傅利曼導師笑道：「為了方便研究，暫不考慮資本家支出的純粹流通費用部分，假設商業利潤等於剩餘價值的全部。」

　　傅利曼導師指出：「各位今後要更精確地使用『生產價格』這個詞彙，生產價格就是指產業部門的生產價格。」

　　傅利曼導師轉身在黑板上列了一個公式：實際生產價格＝成本價格＋產業利潤＋商業利潤。然後他接著說道：「或者各位可以這樣理解：商品的實際價格＝商品的生產價格＋商業利潤。」

　　傅利曼導師詳細解釋道：就產業資本家而言，商品的生產價格與其成本價格間的差額，就等於商品的出售價格與購買生產要素價格之間的差額。

　　「或者就社會總資本而言，利潤就是商品的價值，與資本家耗費在商品上的成本價格之間的差額。」

　　「這個差額又可以歸結為商品中包含的工作總量與支付給工人的薪資之間的差額，也就是在生產過程中產生的利潤。」傅利曼導師接著說道。

　　商業資本家則不同，他們的活動範圍只限於流通領域，它不能創造價值，只能實現價值。因此，商業利潤只能形成於商品購買價格和出售價格的差額，即在購買價格上加價後出售。

　　「不過，商業利潤是透過加價而實現的，這只是一種錯覺。」傅利曼導師笑著說道，「如果把這個錯覺當作本質，就會錯誤地認為商業利潤是商品賤買貴賣的結果。各位一定要記住，商業利潤不是僅僅透過加價來實現的。」

　　為此，傅利曼導師為學生們解說道：「如果產業資本家是按照商品的生產價值直接賣給商業資本家，那商業資本家就必然按照高於商品生產價格或價值的價格出售，獲得商業利潤。但這種情形是違反價值規律和生產

價格規律的。」

「各部門之間會透過競爭，讓利潤盡量平均分配。如果不算商業資本的話，就是假設商品生產資本沒有參與利潤的平均化。隨著商業資本的出現，它將獨立執行資本的職能，並且也會要求資本利潤化。」

「由於商業資本和產業資本共同參與利潤的平均化，這就揭示了商業利潤從何而來的祕密。」傅利曼導師笑著說道。

講臺下的學生們聽得雲裡霧裡，不明所以。傅利曼導師說：「我為各位舉個例子，各位就明白商業資本取得商業利潤的關鍵，就在於商業資本參與平均利潤率的形成了。」

由於商業資本和產業資本共同參與平均利潤率的形成，所以雙方都要獲得平均利潤。這樣一來，產業資本家就必然按照低於生產價格的金額，將商品賣給商業資本家。

商業資本家再按照商品的生產價格出售商品，從而獲得商業利潤。

大家還是聽不明白，傅利曼導師無奈地說：「各位還是需要知道一些經濟學原理的，好吧，我再進一步為各位闡述一下。」

傅利曼導師說道：「不管你賺到多少錢，你都會把賺來的利潤想方設法地用於投資，用不同的投資方式賺取高額穩定的利潤。」

「所以很多經濟學家都說，投資是人生的最後一份職業。很多人問我，這錢究竟是從哪裡來的？答案當然是從市場上來。」

大家恍然大悟：有需求就有市場！有市場才有利潤！

傅利曼導師接著說道：「舉個例子來說明吧！你在 10 年前買房子只需要 100 萬元，現在賣出去能賣到 600 萬元，你賺了誰的錢？很多人說，是房子升值了，其實並不是這樣。試想，如果沒人買，房子還會升值嗎？所以你賺的 500 萬元是市場的錢。」（如圖 13-5 所示）

圖 13-5 房子升值

「錢從市場中來，有買有賣就形成了市場。」傅利曼導師說道，「大家都知道的蝦皮、MOMO 購物、菜市場和超市等，這裡面上兆元的交易，全都來自於買和賣，是因為有需求，才會產生買和賣。有買賣才有市場，買、賣就是市場中的循環。」

大家都笑了，想不到傅利曼導師還知道蝦皮和 MOMO 購物，簡直太時尚了！

傅利曼導師溫和地說道：「我再問各位一個關於流通的問題：人人不虧錢，個個是贏家，那錢是哪裡來的？」

大家紛紛陷入思考中，王羽軒想了想，說道：「從市場的買賣中來。」

傅利曼導師讚許地給王羽軒鼓了鼓掌，王羽軒有些不好意思地笑了。

傅利曼導師講道：「人們將錢用 5% 的利息存進了銀行，銀行用 10% 貸給了開發商，開發商買地建樓，再把房子賣給老百姓。請問各位，房子

是用誰的錢建的？」

　　大家都思索起來：在整個過程中，銀行在賺錢，開發商在賺錢，他們都有大把的錢吃喝玩樂，用的應該都是老百姓的錢呀！

　　傅利曼導師及時做了總結：「因為是開發商用老百姓的錢做了流通，所以他們能讓錢越賺越多。這種現象說明了什麼呢？說明錢不應該放在家裡。錢是工具，應該拿出來放在市場上，用了的錢才叫錢，不用的錢叫紙。」

　　大家都被傅利曼導師的幽默逗笑了，傅利曼導師也笑著說：「各位，如果你在 20 年前把 10 萬元鎖在你家櫃子裡，就算你是當時的富翁，到現在你也只是個普通老百姓，各位同意這個說法嗎？」

　　大家紛紛表示贊同，傅利曼導師接著說：「當你遇到一個好生意時，你就會跟朋友借錢，說：『把錢借我周轉一下。』當你周轉完了，把錢一分不少地還給了朋友，朋友一分錢沒少，但你賺到錢了。」

　　傅利曼導師總結道：「所以，錢是在流通的過程中創造價值，產生利潤的。」

　　傅利曼導師溫和地問道：「大家都知道利潤是怎麼產生的了嗎？」眾人紛紛點頭，只有流通才能賺到錢。

　　「那麼，各位，貨幣升值是件好事嗎？」

第四節　貨幣升值是好事嗎？

　　傅利曼導師此言一出，大家都給出了肯定的答案：「好啊！升值還不好嗎？」傅利曼導師無奈地聳聳肩：「各位，大家一定要動腦子啊！」

很多學生都不好意思地笑了。傅利曼導師接著說：「我記得大家都是學過馬克思主義哲學的，馬克思導師的辯證法告訴我們，凡事都要從正反兩方面看呀。」

大家都一臉恍然大悟，原來貨幣升值這件事，有好的一面也有不好的一面。

傅利曼導師笑著說：「為了貼近各位的生活，便於理解，我們就拿新臺幣做例子吧！」

王羽軒不由得挺直了腰板，他就喜歡聽有關錢的知識。

傅利曼導師笑咪咪地說：「各位，新臺幣如果升值了，就意味著它的購買力強了。也就是說，我拿新臺幣就能在國外購買更多的商品，各位思索一下，我說得對嗎？」大家紛紛點頭。

傅利曼導師看到學生們都點了頭，滿意地說：「這就對了，所以，新臺幣升值更有利於中國進口，有利於中國用更低的價格把商品買進來。」（如圖 13-6 所示）

經濟學家語錄：
貨幣升值更有利於進口，有利於用更低的價格把商品買進來。貨幣貶值更有利於出口，把商品銷往更多的國家。

圖 13-6 貨幣升值有利於進口

　　大家恍然大悟，傅利曼導師接著說：「此外，新臺幣升值還有不少好處，比如那些需要依賴國外廠商的原料，進口成本就會下降；國內企業對外國廠商的投資能力也會增強。同樣的，那些在臺灣設廠的外國商人也會盈利。」

　　大家一聽，新臺幣升值的好處還真不少。傅利曼導師笑咪咪地說：「當然還不止這些，新臺幣升值了，臺灣人才就可以用較少的開銷到國外進行培訓和學習，此外，政府也更容易償還外債。」

　　「各位可以看到，新臺幣升值了，就意味著國內生產毛額（GDP）國際地位提高了，國家的稅收也提高了，」傅利曼導師笑道，「也意味著臺灣人的國際購買力提高了，此時，把臺灣資產售出會更划算哦！」

　　大家都笑了，一個男生舉手示意道：「可是，導師，您剛才講的都是貨幣升值的好處啊，那升值到底有什麼壞處呢？」

　　傅利曼導師慢條斯理地說：「別急啊，聽我慢慢道來。首先各位要知道，新臺幣升值對進口有利，就意味著對出口不利。國外容易把商品賣進國內，但臺灣的產品因新臺幣升值，反而不好向國外賣了！」

　　傅利曼導師分析道，如果新臺幣升值幅度很小的話，其實不會讓臺灣在出口方面受到太大的衝擊，因為臺灣的勞動力成本十分廉價，這方面的競爭力使臺灣產品在出口方面不會受到太大的影響。

　　但有些外國人會不假思索地認為：臺灣的產品漲價了，外國商人也會覺得從臺灣進口產品賺不到多少錢，然後對臺灣出口造成不利影響。可以說，只要新臺幣稍稍升值，對出口就會產生實質性的傷害。

　　傅利曼導師說道：「既然剛才說了，新臺幣升值有利於國人去國外投資，那就必然不利於臺灣引進外資，大家都能理解吧？」

學生們紛紛點頭表示可以理解。傅利曼導師接著說道：「原來，外國投資商在臺灣用 1,000 萬美元能做成的事，在臺幣升值後，可能就需要 1,200 萬美元的投資才能做成。這等於什麼都還沒買，就要支付 200 萬美元，這種事情你們會願意嗎？」

大家笑著搖了搖頭，紛紛表示不願意。

傅利曼導師笑著說：「既然如此，就會加速國內資本流動到國外去。此外，新臺幣導致的進口增加、出口減少，造成貿易逆差，國外企業會拼命把商品賣到臺灣，從而影響國內企業的競爭力。」

「對了，各位，」傅利曼導師一臉笑意地說，「聽說房價又被炒起來啦？其實啊，新臺幣升值與否，跟房價也是大有關係的哦！」

此言激發了大家的好奇心，新臺幣升值與否，跟房價有什麼關係啊？

傅利曼導師似乎看出了大家的疑慮，於是也不賣關子了，直截了當地開口道：「新臺幣升值會導致房價上漲。房地產市場形成泡沫的原因，主要是新臺幣升值導致的外資投機性需求。」

傅利曼導師嚴肅地說：「當然，新臺幣貶值就會導致房地產價格下跌，因為高房價本就需要靠著繁榮的經濟做支撐。正因為人們對經濟看好，所以才願意貸款買房，房地產商也願意在國內建房。如果新臺幣貶值，就會讓房地產行業雪上加霜。」

大家不由得倒吸一口涼氣。大家都知道，外資流入是臺灣資產繁榮的重要方式。資本市場極度低迷，房地產岌岌可危的情況下，如果新臺幣還大幅貶值，讓資金大規模流出的話，這後果真是不堪設想。（如圖 13-7 所示）

圖 13-7 進口與出口

傅利曼導師笑咪咪地一鞠躬：「各位親愛的學生們，關於貨幣的問題，我們就先談這麼多了。」

大家紛紛發出不捨的聲音：「傅利曼導師，請您再多跟我們講講吧！」

傅利曼導師調皮地笑了：「各位，其實有關貨幣的知識和例子很多，大家生活中隨處可見。今天已經很晚了，我又是一個沒有拖延下課習慣的導師。」

大家都笑了起來，傅利曼導師接著說：「自古便講究著賽局之道，其實，在經濟學中同樣存在著賽局。下節課的導師會為大家詳細講解經濟學中的賽局之道！」

學生們開始憧憬起來，在傅利曼導師的再次鞠躬下，禮堂裡爆發出熱烈的掌聲，久久不能平息。

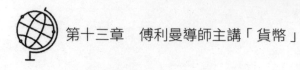

第十四章
納許導師主講「賽局」

本章透過三個小節，講解約翰・納許的賽局理論。在納許的眾多經濟學觀點中，最耀眼的亮點就是日後被稱為「納許均衡」的非合作賽局均衡概念。他的主要學術貢獻呈現在 1950 年和 1951 年的兩篇論文之中。1950 年，他把自己的研究成果寫成題目為「非合作賽局」的長篇博士論文，1950 年 11 月刊登在美國國家科學院每月公報上，立即引起轟動。

約翰・納許

John Nash，1928.6.13-2015.5.23，美國著名經濟學家、賽局理論創始人、電影《美麗境界》男主角原型。前麻省理工學院摩爾榮譽講師，主要研究賽局理論、微分幾何學和偏微分方程式。晚年為普林斯頓大學的資深研究數學家。他與另外兩位數學家在非合作賽局的均衡分析理論方面做出了開創性的貢獻，對賽局理論和經濟學產生了重大影響，獲得 1994 年諾貝爾經濟學獎。

第一節　有趣的納許均衡

早就聽傳利曼導師說，這節課的導師會講賽局之道，難道今天的導師會給大家講下棋？

王羽軒一邊胡思亂想著，一邊漫步走向學校的大禮堂。

今天的大禮堂特別安靜，確實，連著兩次都是「老人」講課，難怪這些女生對導師的外貌失去了興趣。

禮堂裡，有些人在翻之前的筆記，有些人在談論一些經濟學問題。這種場面讓王羽軒有種錯覺，彷彿這就是個普通的課堂。但大家都知道，這可不是普通的課堂，其中的神祕之處，只有上過課的人才有體會。

鐘聲敲響 12 下，雖然大家對賽局的興趣超過了導師本身，但還是伸長了脖子，想提前一睹今晚經濟學導師的真容。

一位長相英俊的年輕男子輕快地走上講臺：「各位，大家晚上好。我是今晚的經濟學講師 —— 約翰・納許。」

天啊！在場的女生都被這位英俊的男導師迷倒了，而男生則是因為另外一件事感到震撼：「您是電影《美麗境界》男主角的原型！」

王羽軒也看過《美麗境界》，他對納許在電影中對抗精神分裂症，最終戰勝病魔獲得諾貝爾獎的情節還記憶猶新。沒想到現實中的納許導師這麼帥氣。

納許導師被大家看得有些不好意思，趕忙開了口：「各位，今天，我來為各位詳細講解一下經濟學上有關賽局理論的內容，也是我最拿手的內容。」

納許導師開門見山地說道：「這種理論是以本人的名字命名的，叫做納許均衡。所謂納許均衡 —— 在這種策略組合上，任何參與人單獨改變策略都不會得到好處。」

見大家都聽得雲裡霧裡的。納許導師笑著說：「簡單來說，如果在某個情境中，給定其他人的策略不變，每一個參與者對於自己的選擇都『不後悔』。」

一個女生舉起手示意納許導師自己有問題要問，在徵得納許導師的同意後，她紅著臉說：「您能不能再舉個例子，讓我們能更好地理解納許均衡的含義？」

納許導師笑著說當然可以，然後給大家舉了個「美女在圖書館」的例子。

納許導師說道：「各位可以想像一下，當你正在圖書館無聊地坐著，一名陌生的美女微笑著主動跟你攀談，並且要跟你玩個遊戲，你玩不玩？」

在場的男同學都激動地表示要玩。納許導師笑著說：「各位男士先不要著急，聽我說說遊戲規則再決定。美女提議玩硬幣遊戲，你和她各自亮

出硬幣的一面：如果都是正面，你給美女 50 元；如果都是背面，美女給你 25 元；其餘情況，你給美女 5 元。你願意嗎？」（如圖 14-1 所示）

圖 14-1 納許理論

　　在場的男士一思索，可以呀，於是還有一大半人表示要玩。納許導師笑道：「大家不要被美女迷惑了雙眼啊！仔細想一想，這個遊戲公平嗎？」

　　此言一出，大家才紛紛陷入思考。是啊，剛才沒有注意，如今仔細想來，真的很不公平啊！如果美女一直亮出硬幣的正面，自己就要一直掏錢！

　　看到在場男同學們恍然大悟的表情，納許導師滿意地笑了，說道：「跟這樣的遊戲一樣，每種遊戲都會有兩種納許均衡：一種是純策略的納許均衡，即美女選擇一直出正面；另一種是混合策略的納許均衡。」

　　顯然，這個遊戲應該選擇混合納許均衡，不然就太不公平了。因為美女只要採用純策略納許均衡，不論你再採用什麼方案，都不能改變局面。

納許導師笑著說：「不瞞各位，我提出的均衡理論，可是奠定了現代主流賽局理論和經濟理論的基礎哦！」

一個男生打斷了納許導師的沾沾自喜，問道：「導師！請問您這個均衡理論，對我們的生活有什麼好處嗎？據我所知，經濟學理論是要用於實踐的！」

「當然，我來舉一個最簡單的例子。」納許導師說道，「你去地攤上買東西，肯定會討價還價吧？」

那個男生點點頭，說的沒錯。納許導師接著說：「在這個過程，我的策略、我給的出價都依賴於我對攤主的價格判斷，而不是我隨便說一個數字，對嗎？」

那個男生聽得有些糊塗。納許導師無奈地笑了笑，說道：「按照傳統價格理論來想，你砍價時會考慮最小成本，對嗎？」

男生點點頭：「是的，如果他的進價是 50 元，我可能會給他 75 元左右。」

納許導師搖搖頭，說道：「這就是傳統價格理論的局限之處，因為在市場中，傳統價格理論並不實用。比如一些壟斷產品，價格多少不僅取決於成本，還取決於壟斷者的心情。對吧？」

男生恍然大悟地點點頭。納許導師接著說道：「現在來看，以前的砍價方法並不令人滿意，這時，均衡理論就要閃亮登場了：它可以分析非價格、非物質的物品，還可以分析人與人之間的相互關係或互動情況。」

「換句話說，」納許導師一針見血地說道，「這時候，你考慮的不止是商品的成本和利潤等傳統問題，還要揣摩對方的心思，以及當前此商品的行情。」

接著，納許導師給出了一個具體案例：

比如你要買一件衣服，你算出成本只要 50 元，但對方給的售價是 500 元。此時，如果你說 100 元，對方肯定不會賣給你，即便他是賺錢的，他也不想賣給你。因為他早就打算好了，最少要用 250 元賣出去。

你考慮到這一點，於是出一個比 250 元稍微低一點點的價格，比如說 225 元。然後你告訴攤主：「前兩天我看見一件一模一樣的，因為要收攤了只賣我 200 元，但是我沒有買。這次給您 225 元，能不能賣給我？」

攤主會考慮到競爭和其他因素，然後用比預期低一點但不會低太多的價格，把這件衣服賣給你。

「最近，好像刑偵劇很紅啊？」納許導師笑著開始了下一個話題，「其實經濟學上也有一個與刑偵擦邊的理論，就是囚犯困境。」

大家聽了很驚訝，這經濟學和囚犯有什麼關係啊？納許導師彷彿看出了大家的疑惑，慢條斯理地說道：「欲知詳情如何，請聽我慢慢道來——」

第二節　致命的囚犯困境

在吊足了大家的胃口後，納許導師滿意地開了口：「囚犯困境是賽局理論中非零和賽局的代表性例子，反映個人的最佳選擇並非團體的最佳選擇。現實中，囚犯困境的例子可是屢見不鮮哦！」

學生們紛紛請求道：「納許導師，趕快跟我們講講吧！」

納許導師笑著說道：「好好，大家不要著急嘛！假如有兩個小偷 A 和 B，兩個人合夥入室盜竊，事後被警方抓住了。但因沒有搜出贓物，警方

不能按入室搶劫罪判處兩人，一時間，雙方陷入僵局。」

　　大家的心都揪了起來，那該怎麼辦呀？

　　「這時，一個經濟學家找到警方，提供給警方一個方法。」納許導師笑著說道，「把兩個人分別帶到不同的房間進行審訊，並告訴他們這樣的話——」

　　納許導師意味深長地說：「警察分別告訴他們：『如果你們兩人都坦白了，按入室搶劫罪，各自入獄 8 年；如果你們都抵賴，各自入獄 1 年；如果一個抵賴，另一個坦白了，抵賴的入獄 8 年，坦白的立即釋放。』」（如圖 14-2 所示）

圖 14-2 囚犯困境

　　大家七嘴八舌地說道：「那就都抵賴好啦，大家都關 1 年就可以出來了！」

納許導師笑著說：「最好的策略顯然就是雙方都抵賴。但由於雙方處於隔離狀態，所以他們各自都會產生懷疑 —— 他會不會為了自保出賣我？我要不要先下手為強？」

大家都陷入了沉默，納許導師接著說：「懂點經濟學的人都知道，每個人都是『理性』的，也就是自私的，他們都會從利己的目的出發，而不會過多地考慮大局。」

納許導師笑著說：「他們各自肯定都會出現這樣的盤算過程 —— 假如他坦白、我抵賴，我就得坐 8 年牢！假如他抵賴、我坦白，我就可以被馬上釋放，而他會坐 8 年牢！」

「大家想一下，兩個人都動這樣的腦筋，結果會怎樣？」

大家立刻回答道：「不管對方坦白與否，對於我而言，我坦白會更加划算！最終，兩個人都會選擇坦白，然後各自被判刑 8 年！」

納許導師滿意地笑道：「這就是經濟學裡著名的囚犯困境。兩個囚犯符合自己利益的選擇是坦白招供，原本對雙方都有利的策略 —— 不招供從而均被判處 1 年的情況就不會出現。」

納許導師強調道：「各位在學習經濟學的時候，一定要對賽局理論有所了解。因為賽局理論是最接近心理學的經濟學，它會更貼近各位的生活，也最能揭示善惡。背叛還是合作，是囚犯困境中永恆不變的選擇。」

大家都沉浸在兩個小偷互相揣摩對方心理的情境中。納許導師看著若有所思的學生們，不由得笑道：「其實，這種賽局理論早在原始社會就存在了！」

此言一出，大家都驚呆了。納許導師接著說：「各位都知道，原始人靠狩獵為生，獵物主要有兩種：兔子和鹿。假設某個部落裡只有兩名獵人。如果這兩人合作，分頭行動就能捕獲 1 隻鹿，因為單憑一己之力是抓

不住鹿的。但一個人可以抓住 4 隻兔子。」

「這時候，問題就來了！」納許導師說道。

大家紛紛猜到了問題：在原始社會沒有手機的情況下，這兩個原始人都不知道對方在獵鹿的時候會不會堅守崗位。

納許導師接著說道：「從能夠填飽肚子的角度來看，4 隻兔子可供一個人吃 4 天；1 隻鹿可供每個人吃 10 天。也就是說，對於兩位獵人，他們的行為決策就成為這樣的賽局形式：各自去打兔子，每人得 4 天糧食；合作，每人得 10 天糧食。」

「但是！還有一點需要注意，」納許導師加重了語氣，「如果一個人去抓兔子，另一個人去打鹿，則前者收益為 4 天糧食，而後者只能是一無所獲，餓肚子。」

課堂上爆發了強烈的不滿：天啊，這場賽局也太難選擇了吧！要不就一個人打兔子，可以吃飽 4 天，如果對方不守信用，自己可能就要餓肚子。這簡直是逼死人的選擇啊！

納許導師說道：「因此，他們就必須充分考慮所有情況，加上對對方的了解程度，綜合所有因素，做出一個對自己最有利的選擇。」

大家都被賽局理論逼瘋了，看來這真是聰明人或「理性的人」才能玩的遊戲啊！

納許導師笑著說道：「正因如此，賽局理論才能被稱作經濟學的中心，它才能成為個體經濟學的基礎。而且，賽局理論除了『經濟人』都是理性的外，還暴露了另一個問題 —— 資訊不對稱，就必然有一方吃虧。」

「對呀，」王羽軒的室友德偉說道，「我跟晨興去市場買衣服，店家一開口就要 500 元。我看那件衣服品質不錯，正要付錢買，一旁的路人也

看中了那件衣服，直接問 100 元賣不賣。最後您猜怎麼樣？還真讓他買走了！」

納許導師也有些驚訝：「這也太黑心了。不過，如果是不知道市場行情的人去買，的確會吃虧上當，畢竟你也不知道對方的成本究竟是多少。」

「那我們在生活中要如何運用賽局理論呢？」王羽軒問道，「畢竟在經濟學中，能實踐的理論才是好理論嘛。」

納許導師哈哈一笑：「不錯，那我就和各位講講賽局理論在生活中的運用。不知道在座的各位有誰養過豬嗎？」

大家一聽都是一愣，養豬跟經濟學有什麼關係？

納許導師神祕一笑：「我曾參觀過養豬場，豬圈的左側會裝一個踏板，踩下踏板時，食物就會落下來。這時，如果小豬去踩踏板，大豬就會把所有食物都吃光；如果大豬踩踏板，大豬能在小豬吃完前吃到一半。那大家想想，這兩隻豬會採用什麼方法呢？」

大家討論了一會兒，納許導師公布了答案：「當然是大豬去踩踏板，小豬一次踏板都不會踩的！因為牠踩踏板是吃不到食物的，不踩反而能吃到一半食物；而大豬不踩踏板就沒有食物，去踩踏板也能吃到一半！我為什麼舉這個例子呢？因為企業定位就像這兩隻豬一樣，小型企業像小豬，大型企業則像大豬。小企業會等待觀望，大企業則會主動出擊。這兩種企業都是理性的，它們都選擇了優勢策略 —— 試想，如果小企業選擇主動出擊，那它們會因為市場市占率小，財力不足而『中道崩殂』；如果大企業一味坐等，就會在競爭中失去先機，最後被市場淘汰！」

大家恍然大悟，看來，作為一名理性的經濟人，一定要學會用經濟學思維思考問題，這樣才不會錯失良機！（如圖 14-3 所示）

經濟學家語錄：
作為一名理性的經濟人，一定要學會用經濟學思維思考問題！

圖 14-3 理性的經濟人

看著大家恍然大悟的樣子，納許導師話鋒一轉道：「對了，各位有沒有聽過一句話，叫『好男人娶壞女人，壞男人娶好女人』？」

大家紛紛表示聽說過，納許導師接著說道：「有誰知道原因在哪裡嗎？」

這還能有什麼原因啊？一個男生忍不住說道：「那還有什麼原因啊，就看對眼了呀！」

大家都笑了起來，納許導師卻笑著說：「一個人兩個人這樣，還能用看對眼來解釋，但大家都是這種行為，就不得不做一番研究了。」

王羽軒思索道，婚戀上都能用到的經濟學原理，到底是什麼呢？

第三節 劣幣驅逐良幣

納許導師說道：「我們先假設有 A、B、C 三個人。其中，A 是條件優質男，B 是條件劣勢男，C 是一位標準美女。」

　　大家都被納許導師的例子吸引了。納許導師接著說：「如果單從資源分配上看，A 應該配 C，對嗎？」大家都點了點頭。

　　「然而現實並非如此簡單。」納許導師笑著說，「A 因為自身條件好，所以選擇更多，往往不會在一棵樹上吊死；B 則不同，如果他失去了這次機會，可能很難再遇到 C 這樣的美女，於是他會孤注一擲。」

　　大家想了想，確實是這個道理。C 會明顯感覺到 B 比 A 追求自己的力度大得多，對自己也更溫柔體貼。

　　納許導師接著說：「C 會憑藉對方的行為表現，來判斷對方喜歡自己的程度。因此，她可能會被 B 的花言巧語和『忠誠』所迷惑，繼而被 B 拖進婚姻的殿堂，為婚戀角逐畫上完美的句號。」

　　在場的女生都明顯嘆了口氣。納許導師笑著引出了話題：「這種情況，在經濟學中被稱作『劣幣驅逐良幣』。」

　　劣幣驅逐良幣？大家都愣了一下，如果按照經濟學的思考方式，不是應該是優勝劣汰嗎？為什麼不好的會把好的驅逐出去呢？

　　納許導師似乎看出了大家的心思，笑道：「所謂劣幣驅逐良幣，就是在兩種實際價值不同，但面額價值一樣的貨幣同時流通的情況下，實際價值較高的貨幣，即良幣，必然會被人們熔掉，退出流通領域，造成劣幣充斥市場。」

　　納許導師說道：「在 16 世紀的英國，金子已經不夠鑄造金幣了，於是市場上出現了另一種『金幣』，面額是一樣的，但摻了其他金屬成分。於是，市面上同時流通了兩種貨幣：一種純金的，另一種 K 金的。」

　　王羽軒想像了一下這樣的場面，不由得啼笑皆非。

　　果然，納許導師也笑著說道：「雖然兩種金幣的面額一樣，但價值卻

大不相同，於是人們紛紛將純金幣熔掉，做成各種飾品。在購買商品的時候，都只用雜質幣進行交易。久而久之，市場上就全剩下雜質幣了。（如圖 14-4 所示）」

大家紛紛笑了起來。納許導師笑著繼續說道：「另外還有一種劣幣驅逐良幣的情形，會發生在這種情況下 ——」

納許導師介紹道：「18 世紀至 19 世紀的英國、美國和法國長期採用了這種方法，金幣和銀幣之間存在著不變的兌換比率，比如 1 個金幣能換 100 個銀幣。但市場上，黃金和白銀的相對價格卻會上下波動。於是，有趣的現象出現了！」

大家都明白怎麼回事了，納許導師接著說：「當黃金比白銀貴時，人們就會將手中的金幣熔掉，然後當作黃金賣出去。這樣可以賣得 140 枚銀幣，比單純用金幣兌換銀幣多換得 40 枚！」

圖 14-4 劣幣驅逐良幣

　　大家都紛紛感嘆，人類的智慧真的是不可估計啊！

　　納許導師接著說：「有時候，人們會多次重複這樣的過程，如此一來，市面上的金幣，也就是良幣，會日益減少，而銀幣，即劣幣，則會充斥市場，並且嚴重擾亂市場秩序。」

　　一位男同學道：「請問納許導師，這個劣幣驅逐良幣的理論，對我們的生活會產生什麼影響呢？或者說，我們生活中還有哪些例子呢？」

　　納許導師笑著說道：「請問這位同學，你玩遊戲嗎？」

　　那個男生一臉迷茫，這跟我玩不玩遊戲有什麼關係？但他還是老老實實地回答道：「玩。」

　　納許導師笑咪咪地問：「那你的遊戲是正版光碟，還是盜版的？」

　　男生臉一紅，小聲說：「……正版太貴了，我的是盜版的。但我是支持正版的！」

　　大家都笑了，納許導師也笑了，然後揮手示意男生坐下，說道：「據我所知，現在的正版市場簡直就是噩夢，尤其是遊戲。沒人願意花 800 元買正版遊戲光碟，因為內容一模一樣的盜版產品只要 80 元。」

　　大家都無奈地笑著，看來有不少人都買過盜版。納許導師接著說：「盜版產品只要 80 元，大家都想買，但實際成本呢？正版可能需要 500 元，盜版只需要 5 元，所以盜版市場難禁止，裡面的利潤太大了。」

　　大家都表示同意地點了點頭。納許導師接著說：「沒人肯買正版光碟，就導致越來越多的正版光碟退出市場，反而盜版產品越賣越好。這就是劣幣驅逐良幣的例子。」

　　大家都對納許導師心悅誠服，看來，我們身邊關於劣幣驅逐良幣的事情還真不少。

這時，納許導師對大家鞠了一躬，然後微笑道：「好了，各位，有關賽局理論的課程就到此結束了，我還有其他的研究要做。」

「納許導師，再給我們講一會兒吧！」不止是女生，連一些男生都忍不住出言挽留。

但納許導師依舊風度十足地掛著微笑，朝著學生們揮了揮手：「天下沒有不散的筵席。如果各位從我的課上學到了一些知識，就是我最大的榮幸。」

就這樣，納許導師在學生們不捨的掌聲中，慢慢消失在講臺上。

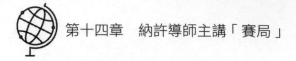

第十五章
李斯特導師主講「貿易保護」

本章透過三個小節，講解了弗里德里希·李斯特關於「貿易保護」的經濟學精髓。同時，作者使用幽默詼諧的文字，為讀者營造出一種輕鬆明快的氛圍。讓讀者能在愉悅的氛圍中，提高自己的經濟學能力。本章適用於所有渴望了解「貿易保護」經濟學理論，且有提高自身經濟能力欲望的讀者。相信在閱讀本章後，能對這部分讀者有所幫助。

弗里德里希・李斯特

Friedrich List，1789.8.6-1846.11.30，古典經濟學的懷疑者和批判者，是德國歷史學派的先驅。李斯特的奮鬥目標是推動德國在經濟上的統一，這也決定了他的經濟學是服務於國家利益和社會利益的經濟學。

與亞當斯密的自由主義經濟學相左，他認為國家應該在經濟生活中產生重要作用。他的觀點深受亞歷山大・漢彌爾頓以及美國學派的影響。

他的主要思想包括民族國家主導的工業化、貿易保護主義等等。他以具體行動力促成德意志關稅同盟，廢除各邦關稅，使德國經濟獲得統一，並對後世德國的統一產生影響。

第一節　國家利益高於一切

王羽軒還沉浸在上週的賽局理論中，沒想到大洋彼岸竟然有位精通博弈之術的美國人。納許導師的均衡理論，也讓王羽軒在生活中逐漸耳聰目明。

今天來上課的又是哪位導師呢？王羽軒不由得暗自揣測道：上節課就該問問納許導師，這節課會講些什麼？

還沒到 24 點，王羽軒已經在自己的座位上坐好了。

果然，周圍的女學生又在興奮地討論著納許導師，王羽軒無奈地搖了搖頭，看來納許導師的魅力還真是不小。

到了 24 點，講臺上突然升起了一團煙霧，一個身影在煙霧中若隱若

現。學生們紛紛伸長脖子望向講臺。然而，在導師出來的那一刻，大家卻笑場了。

突然，不知道哪個男生說了一句：「呀，這是流浪歌手吧？」然後學生們全部笑倒。只見講臺上這位導師頭髮蓬亂，一張滄桑的臉上蓄滿了鬍鬚，他前額的頭髮已經掉光了，露出一個閃亮的大腦袋。高高的鼻樑上架了一副小眼鏡。

「各位晚上好，我是今天的導師，李斯特。」講臺上的導師用滄桑的聲音做了自我介紹。

「李斯特不是鋼琴家嗎？怎麼教起經濟學了？」一個女生疑惑地問道。

李斯特導師漲紅了臉：「我是弗里德里希·李斯特導師，妳說的鋼琴家是法蘭茲·李斯特，我們可不一樣！」

女生吐了下舌頭，歉意地笑了笑。

李斯特導師聳了聳肩：「好了，同學們，如果大家沒有別的問題，我要開始上課了。」

說完，李斯特導師就在黑板上寫了大大的一行字：貿易保護。

李斯特導師突然大喊了一句：「國家的利益總是高於一切的！」這突然的一喊叫，把學生們嚇了一跳。王羽軒暗想道：這個李斯特導師不是要講貿易保護嗎？怎麼扯到國家利益高於一切了，難道他要講愛國？

李斯特導師似乎看出了大家的疑問，笑著說道：「各位先別著急，雖然我是德國人，但我要給各位講個美國的故事。」

大家一聽有故事，紛紛豎起了耳朵。

李斯特導師講道：「記得那是 1996 年的情人節，距離總統預選的日

期已經不到一週了。這時，共和黨的候選人帕特‧布坎南出現在一家花店裡，他買了一束玫瑰花，作為送給妻子的情人節禮物。」

「哇——」女生們紛紛發出羨慕的聲音。

李斯特導師笑了一下，接著說道：「可是，他這束玫瑰不僅代表了溫馨和浪漫，也代表了嚴正譴責！他用這束玫瑰告訴美國公民：南美國家的玫瑰已經搶占了美國市場，正在搶奪美國花卉種植者的飯碗！」

「說得沒錯。」這回輪到男生們熱血沸騰了。

「當然，一心沉迷於選舉中的布坎南忽略了一個根本問題。」李斯特導師溫和地說，「二月，美國正是寒冬時節，玫瑰難以生長；而南美氣候宜人，即便加上包裝和運費，也比美國本土玫瑰的成本低很多。」（如圖15-1所示）

圖 15-1 國家利益高於一切

大家都點了點頭，但心裡還有一絲疑問，李斯特導師講這個故事是什麼意思呢？

李斯特導師微笑著解釋道：「各位可知道，布坎南為何要在玫瑰上大

做文章？原因就是要號召美國民眾減少對南美物品的進口，保護美國本土的產品！他想利用這一點，得到美國基層人民的支持。」

大家恍然大悟，看來布坎南真是個聰明人，如此一舉兩得。

李斯特導師溫和地說：「其實，各個國家都存在貿易保護。我再給各位講個故事。故事發生在 2003 年，記性好的同學應該知道，那一年，美國爆發了狂牛症，很多國家都禁止從美國進口牛肉，韓國也不例外。」

大部分同學都點點頭表示記得，那一陣子全球人心惶惶，紛紛加強了關於進口產品的審查。

李斯特導師接著說：「然而，韓國為了推動《韓美自由貿易協定》的簽訂，放寬了對美國牛肉的進口。這一協議遭到韓國民眾的強烈抗議，超過 100 萬的韓國人在首爾遊行，抗議政府進口美國牛肉，當時的韓國總統李明博不得不向韓國民眾道歉。」

大家都笑了，韓國人是出了名的崇尚「韓牛」，如果美國牛肉進入韓國市場，勢必會損害韓國民眾的利益。

李斯特導師說道：「這場『美國牛肉風波』就是典型的傳統經濟民族主義與貿易全球化之間的激烈碰撞。據韓國經濟研究院說，這場風波給兩國都帶來了不小的經濟震動，進而造成了 25 億美元的損失。」

李斯特導師笑道：「各位都知道，中國勞動力很廉價，而且原料豐富，導致產品的成本很低。」

學生們紛紛點頭。李斯特導師繼續說：「所以，中國把衣服、鞋襪等日常用品出口到美國之後，價格會比美國的便宜很多。這也導致了美國人紛紛購買便宜的中國貨，而其本土產品難以賣出的後果。後來，美國還用『傾銷』的名義告了中國一狀，這些都是國際貿易保護的手段。」

李斯特導師笑著說道：「從這三個例子中，大家可以發現貿易保護主義的主要形式包括：反傾銷；世界貿易組織的保障措施；以環境保護為名的綠色關稅壁壘；以技術優勢為基礎的技術關稅壁壘。」

第二節　貿易逆差與鴉片戰爭

鴉片戰爭是每個中國人心裡的痛。直到今天，鴉片戰爭依然被看作中國進入半殖民地半封建社會的象徵。

李斯特導師溫和地說道：「我記得中國的清朝有康乾盛世，當時，穩定的政治帶來了中國國內手工業的蓬勃發展。當時的茶葉、瓷器和絲綢等，可是當時歐洲貴族最喜歡的商品。」

「各位可以想像一下，英國等國家從中國進口大量的茶葉等物，就會導致大量白銀流入中國市場，」李斯特導師笑著說道，「英國貴族愛喝下午茶，並且把下午茶當作身分的象徵，所以必然會從外國進口大量茶葉供自己享用。於是，英國商人紛紛來中國經商。他們想用英國的商品來換取中國的絲綢、茶葉和精美瓷器等。但是，這也存在著問題！」

大家都在想，這樣做生意有什麼問題呢？一個國家出口，另一個國家進口，這不是一件很好的事嗎？

李斯特導師笑著說：「可是，中國當時是以自給自足的農業、手工業經濟為主，能夠生產出優質的毛呢、鋼鐵等產品，因此對於英國工業生產的蒸汽機等產品完全沒有興趣！即便英國派來了很多推銷員也難以打動中國人的心！」

李斯特導師攤手道：「但很快，英國人又想出一招——印度是英國的殖民地，而且該地生產鴉片，於是，大不列顛的商人們開始醞釀一項非法

的鴉片走私貿易。」

王羽軒他學過歷史，也見過那些歷史圖片。王羽軒知道，吸食鴉片摧毀了很多人的神經，很多青壯年變得萎靡不振，鴉片走私加速了清政府地方官僚的腐敗，而且，清朝的經濟基礎正一步步被鴉片貿易摧毀。

「很快，隨著鴉片的流入，中國的白銀也大量流失，清政府的財政產生了貿易逆差。」李斯特導師笑著說，「此時，清朝的道光皇帝不得不找來林則徐，說：『小林呀，你去管管吧！』然後，林則徐就把鴉片全燒了。」

學生們都笑了，李斯特導師接著講道：「那你們說，英國人能同意嗎？貿易逆差就意味著虧本啊！英國是中國商品的大買家，但中國卻不需要英國商品，所以英國一直在虧本，這次靠邪惡的鴉片貿易賺了回去，英國人當然不能坐視林則徐禁煙呀！」

有些學生沒有聽懂，這有什麼問題啊？你拿錢來，我把商品賣給你，再正常不過了。李斯特導師無奈地笑了：「如果英國把錢全投到中國買茶葉，而中國卻不購買英國商品，英國就會出現本國貨幣短缺的局面，進而沒有辦法購買其他工業物資，不能進行再生產再獲得貨幣。」

大家都恍然大悟地點點頭，是啊，金銀全都流通到中國了，本國的貨幣儲備就沒有了。

「各位都知道，貨幣最重要的一點，就是作為利潤，直接表現在流通環節中。」說完，李斯特導師給大家舉了個例子：

英國透過對外貿易和殖民地掠奪，能賺到 100 枚金幣。其中，各種成本加在一起是 40 枚金幣，也就是說，英國總共能獲得 60 枚金幣的利潤。

然而這 60 枚金幣的利潤中，有 20 枚金幣要用來購買茶葉，茶葉還是

英國必買的商品，不能省掉。這如果呈現在財報上，就是永遠損失了 20 枚金幣，因為英國沒辦法把這個錢從中國市場上賺回來。

這時候，英國只剩下 40 枚金幣，這 40 枚金幣僅足夠支持正常的生產循環，英國人沒錢，就沒辦法擴大生產力。（如圖 15-2 所示）

圖 15-2 貿易逆差

當然還有一點：鴉片本身就是賺錢的，但這個錢沒有被用來擴大生產力，而是用來直接消費各種絲綢、瓷器等手工藝品。

所以，無論從國家的角度，還是從個人的角度，英國人都有足夠的藉口發動戰爭。因為國際貿易中一個最重要的問題就是：當一個國家透過製造業生產的物資，極大地造成順差，從而導致另一個國家沒有貨幣繼續購買物資，所有生產與流通領域都會崩潰。

李斯特導師問道：「這種情況下，英國選擇了發動戰爭，獲取巨額金銀以及茶葉等物資。你不是不給我嗎？那我就搶啊！」因此，英國的武裝戰艦就開到了廣州海面，鴉片戰爭就這樣爆發了！

大家都沉默了。

李斯特導師頓了頓，緩緩說道：「不知道各位有沒有聽說過『香蕉共和國』？」

「當然聽說過，」一個打扮得很新潮的男生開口道，「『香蕉共和國』

是個時尚衣服品牌。」

李斯特導師笑了：「在經濟學中，『香蕉共和國』可不是這個意思哦！它可是一種嚴重的經濟現象。」

於是學生們紛紛要求道：「李斯特導師！快跟我們講講吧！」

李斯特導師滿意地開了口——

第三節 「美洲香蕉共和國」

「『香蕉共和國』這個滑稽的詞彙源自美洲，因此又被稱為『美洲香蕉共和國』，」李斯特導師，「各位可不要小看香蕉，從某種程度上說，香蕉也是能殺人的！」

學生們都被嚇了一跳，香蕉鬆軟香甜，怎麼能殺人呢？

李斯特導師：「大家知道，香蕉是最常見的水果之一了，那時候美國還沒有香蕉這種水果，所以不得不從南美洲進口香蕉。在種植香蕉的過程中，美國有一家叫聯合聯合果品公司的企業，對蕉農們進行了血腥的剝削。」

聯合果品公司是一批以中美洲為據點，向北美地區出口香蕉和其他熱帶水果的貿易公司。由於南美洲氣候炎熱潮溼，加上勞動力價格低廉，聯合果品公司立刻在那裡大量開墾荒田種植香蕉和其他熱帶農作物。

李斯特導師痛心地說：「聯合果品公司並不像名字那樣只是單純地販賣水果，而是滲透到香蕉生產、包裝和出口等過程中，快速壟斷了香蕉行業。當時，帝國主義已經度過了早期的瘋狂殖民階段，開始用國家資本主義掠奪落後地區及其人民，而美國的香蕉果品公司就是最典型的案例。」

「啊？您快講講呀！」大家的好奇心都被勾了起來。

只見李斯特導師故作深沉道：「哎，這件事啊，說來可就話長了——」

原來，這個世界上有一些國家體量比較小，而且工業基礎薄弱，經濟結構單一。它們只能依賴自然資源，例如農業或漁業等，維持經濟發展。

當年，美國企業——聯合果品公司——敏銳地發現了這一點，於是跑去這些國家高價收購香蕉……

「不對啊！」一位男生皺著眉頭說道，「聯合果品公司高價收購香蕉，這不是做好事去了嗎？怎麼跟殺人扯上關係了呢？」

李斯特導師笑著說道：「你別著急，聽我接著往下說——」

聯合果品公司先是高價收購香蕉，讓這個國家的人民看到種植香蕉有利可圖，這樣一來，很多當地人都放棄了其他經濟作物，專門為聯合果品公司種植香蕉。此外，聯合果品公司還繳納了大量的稅給當地政府，於是，當地政府也鼓勵人民多種香蕉多出口。

可是，當這個國家絕大部分經濟都依靠「香蕉」時，聯合果品公司的真正目的就浮出了水面——它們開始拚命壓低香蕉的價格，最後壟斷了整個國家的香蕉出口。

「聯合果品公司壓低香蕉價格，當地人不種不就好了？」一位男生毫不在乎地說道。

李斯特導師搖了搖頭：「你想得太簡單了。當地經濟單一，一旦走上種香蕉的道路，它們就會因為經濟慣性一直種下去——不可能說轉型就轉型，哪怕是把香蕉換成馬鈴薯，那也是需要時間的。而且，它們繳納了大量的稅款給當地政府，如果有人不配合種香蕉，當地政府就會派武裝力量鎮壓自己的人民。這些小國家經常更換政府，聯合果品公司只要控制住

當地政府，那政府就會成為商人的工具，血腥地剝削著當地的果農。」

　　大家面面相覷，王羽軒也是一臉無奈。弱肉強食，這原本就是國際潛規則。李斯特導師接著講道：「還不止這些呢！聯合果品公司在美洲的落後國家一方面血腥剝削香蕉農，逼底層人民做工作；另一方面又瘋狂占領中南美市場，逼他們做消費者，從中獲利。其實，聯合果品公司的手段很簡單，」李斯特導師認真地說，「他們只是個中間商，將來自宏都拉斯的香蕉運往美國，讓從未吃過香蕉的美國大眾品嚐後，立即用消費和鈔票表示對香蕉的喜愛。同時，聯合果品公司也僱用了大量的低薪勞工，甚至還有兒童勞工。因此，該公司的利潤非常驚人，也吸引了更多的公司到南美洲，一起剝削當地的底層人民，導致當地的民生陷入困境。」（如圖 15-3 所示）

圖 15-3 水果公司與政府

　　學生們都一臉的沉痛，李斯特導師卻說：「這還遠遠沒有結束，它們在賺足資金後，就開始瘋狂擴張版圖，不斷增購土地，甚至修築了鐵路和港口，方便自己向世界運輸香蕉。這也讓它們控制了中南美洲國家的貨運

業、郵政業和金融業。最終，這間聯合果品公司達到了跨國公司的規模，成為巨頭！」

學生們都有些氣憤，把攫取暴利建立在剝削當地人民身上，難怪李斯特導師說，香蕉也能夠殺人。

李斯特導師說道：「1950 年代，在聯合果品公司的操作下，瓜地馬拉的農民不僅失去了土地，其自然經濟也遭到嚴重破壞，只能緊緊抓住『當蕉農』這一根危繩。瓜地馬拉的老百姓不僅要忍受政府的貪腐獨裁，還要忍受聯合果品公司的瘋狂壓榨，生活苦不堪言。」

王羽軒想起來了，在歐·亨利的小說《白菜與國王》（*Cabbages and Kings*）中，作者所影射的就是美國控制下的宏都拉斯。可是，「國中之國」這種電影般才會出現的場景，卻是在中南美洲非常真實的生活！

香蕉園四周都圍著鐵絲網，在香蕉、甘蔗、鳳梨等熱帶水果的果園外面，站著一排戒備森嚴的美國軍人，所有運輸香蕉的鐵路、公路和港口的出口處，也都有僱傭兵把守，一切都為美國人所操控。

李斯特導師說道：「中南美洲的城市裡，一切醫院、學校、軍營甚至郵局，都是屬於聯合果品公司的，這些美國人在國家中造出另外一個國家，享受國中之國的優待，並享有常人無法得到的特權。」

「反觀當地人呢，卻只能住在貧民窟裡。」李斯特導師心痛地說，「當地的年輕人只能去美國種植園裡出賣苦力，剩下的老弱婦孺就被扔在一旁，成為城市邊緣人。」

李斯特導師無奈地說：「在『香蕉化』最嚴重的宏都拉斯，美國聯合果品公司占領的土地甚至比本國政府持有的國土還多！而瓜地馬拉的政府，還得出錢向聯合果品公司購買國土，真是太可笑了。」

李斯特導師講得聲情並茂，把所有同學都帶入到那個悲慘的年代。

「聯合果品公司只會讓世界的香蕉貿易更集中、獨大、更危險，這也是中南美洲國家沒有實施貿易保護政策的嚴重後果。後來，那些經濟命脈被別人控制的國家，世人就將它們稱為香蕉共和國。告訴各位一件荒唐又無奈的事，」李斯特導師說道，「各位都知道，美國依然經常公然干涉『香蕉共和國』的內政。」

大家聽後都陷入沉默中。

李斯特導師及時打斷了大家的沉默：「所以，各位應該明白，貿易保護其實不全是壞事了吧？那麼，誰能告訴我你們從『香蕉共和國』中吸取到了什麼教訓呢？大家都是學經濟學的，聽完我的課，總不能一點收穫都沒有吧？」

聽完李斯特導師的話，王羽軒立刻舉起手說道：「貿易還是需要一定的保護措施的，我們不能將自己國家的命運完全放在外國人手裡！」（如圖 15-4 所示）

經濟學家語錄：
國家貿易還是需要一定的保護措施的，我們不能將自己國家的命運完全放在外國人手裡！

圖 15-4 國家貿易保護

李斯特導師立刻點頭表示同意：「非常好！還有嗎？」

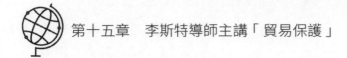

　　王羽軒的室友也舉手說道：「我認為，本國經濟不能夠過於單一，否則就很容易在國際貿易中喪失主動權！」

　　「說得真不錯呀。」李斯特導師贊同道。

　　有王羽軒和室友打頭陣，大家紛紛舉手發表了自己的見解。等大家說得差不多了，李斯特導師才揮了揮手對大家笑道：「大家說得都非常好！看來你們確實收獲了很多，我很欣慰呀！好了，親愛的同學們，關於貿易保護的課程，我今天就講到這裡，祝大家晚安！」

　　學生們熱烈鼓掌，以此答謝李斯特導師的傾情講授。

第十六章
史迪格里茲導師主講「危機」

本章透過三個小節，講解了約瑟夫·史迪格里茲的「危機」經濟學理論。約瑟夫·史迪格里茲在危機經濟方面有深刻研究，為了幫助讀者更好地理解約瑟夫·史迪格里茲的「危機」經濟學，作者將約瑟夫·史迪格里茲的觀點熟練掌握後，又以幽默詼諧的文字呈現給讀者。對「危機」內容有興趣的讀者，本章是不可錯過的部分。

約瑟夫・史迪格里茲

　　Joseph Eugene Stiglitz，1943.2.9-，美國經濟學家，哥倫比亞大學校級教授，哥倫比亞大學政策對話倡議組織主席。1979 年獲得約翰・貝茲・克拉克獎，2001 年獲得諾貝爾經濟學獎，他的重要貢獻使得 IPCC 政府間氣候變化專門委員會獲得 2007 年諾貝爾和平獎。他是世界銀行前高級副總裁兼首席經濟學家，也是美國總統經濟顧問委員會前成員和主席。他在資訊經濟學等領域上作出了重大貢獻，是新興凱因斯經濟學派的重要成員之一，以支持喬治主義公共財政理論而聞名。他對全球化現象、鼓吹實施自由放任主義經濟政策的學者，以及國際貨幣基金組織和世界銀行等國際機構都持批評性觀點。

第一節　為什麼會發生經濟危機？

　　又到了週六晚上，到達禮堂後，王羽軒卻發現今晚的禮堂特別安靜，空氣裡瀰漫著一股不捨的氣息。伴隨著 24 點的鐘聲響起，一位身材有些發福，但卻意氣風發的經濟學家走上講臺。這位導師戴著圓圓的眼鏡，穿著一身棕色西裝，滿臉都是藏不住的笑意。氣氛不知為何變得有些熱烈而歡快了。

　　哦！王羽軒認得他，他是克拉克獎和諾貝爾獎的獲得者！也是世界銀行的副總裁和首席經濟學家 ── 史迪格里茲導師！自己昨天還在新聞上看到了這位經濟學家發表講話的影片！只見這位導師開心地對學生們揮手致意道：「嗨，各位晚上好！我是今晚的經濟學導師 ── 約瑟夫・史迪格里茲。」

顯然，在場的很多學生都認出了他，紛紛爆發出激動的呼聲。

史迪格里茲導師開心地說：「各位，我這節課的目的，就是跟大家談談危機。」

什麼？用這麼開心的口氣講危機？王羽軒不由得暗自佩服，看來經濟學家早已經習慣應對各種危機了。

史迪格里茲導師笑著說道：「各位知道美國曾爆發的經濟大蕭條嗎？」

學生們紛紛表示知道，史迪格里茲導師滿意地點點頭，然後問道：「那各位知道，為什麼美國會出現經濟大蕭條嗎？要知道在 1929 年以前，美國的經濟可是蓬勃發展的啊！」

王羽軒學過歷史，1929 年以前，美國確實是一派繁榮景象，汽車、通訊、飛機等行業蒸蒸日上，美國的股市還經歷了 18 個月的絕對牛市。為什麼到了 1929 年，美國的股市會突然崩潰，甚至引發了一場波及世界的經濟危機呢？

史迪格里茲導師賣了個關子，笑著說：

「我為各位講個故事，各位或許就能明白了。從前有一個島，島上有 3 個老闆，老闆 A 開了服裝店，老闆 B 是農場主，老闆 C 則是家電工廠老闆。島上一共有 32 位工人，每個老闆正好需要 10 人為他工作，但失業的 2 人也不是長期失業，他們會因為別的工人生病或外出等原因輪流上工，所以島上生產和消費是基本平衡的。」

大家正幻想著和諧的場面，史迪格里絲導師卻打斷了大家的幻想：

「但是，在生產力提高之後，每個老闆只需要 8 人就能完成工作，於是，就會造成 8 個人的失業。因為失業，有人願意多加班一小時，並少拿

500 元的薪水。在失業的壓力下，人們會有什麼行為呢？」

一個男生說道：「生產力提高，工作時間變長，薪水變少，會讓大家都產生失業的危機感。」

「不錯，」史迪格里茲導師讚道，「危機感會驅使他們減少消費，進行儲蓄，這些工作者的總消費就會呈現明顯下降的趨勢。因此，即便老闆們沒有擴大產能，也會出現產能過剩。於是，他們只能透過降價賣出產品。」

王羽軒不由得想到：為了有更大的降價空間，老闆肯定會繼續延長工作時間，並且減少薪水，這樣一來，島上的失業率就會增加得更加厲害。

果然，史迪格里茲導師無奈地說：「生產力提高，但需求沒有跟上，這就導致了失業率增加；工作者薪水減少，必然會讓消費減少，造成供過於求，甚至讓工廠倒閉，造成更多人失業，形成惡性循環。」

史迪格里茲導師無奈地說：「最後，島上竟然出現了一個怪現象：人們有需求，但不敢買；廠商有生產能力，但賣不出去；在生產力大幅提高以後，人們居然既不工作，也不消費，甚至有人活活餓死。」

王羽軒不由得感嘆道：這就是經濟的威力啊，人們陷入自己設計的經濟惡性循環裡，無法自拔。

史迪格里茲導師說道：「工人來工作，錢卻大部分給了老闆。老闆為了攫取更多的利潤，不斷壓榨工人的工作成果，獲得更大的剩餘價值。這直接導致了生產發展起來的同時，也造成貧富差距過大，引發產品相對過剩。」

王羽軒有些憤憤不平，是啊，真正需要消費的族群，卻沒有購買能力。工人的生活水準本來就在最低層級，他們需要大量的生活必需品，但卻因被剝削而導致無法購買，而小部分有錢人卻不需要再買更多的產品。（如圖 16-1 所示）

　　史迪格里茲導師藉由一個故事生動地描述了經濟危機的根本原因：老闆剝削工人，導致整個社會的消費能力不足，進而造成產品過剩，也就是相對供過於求的情況。隨之而來的是工廠無法銷售產品，進而倒閉。這種情況形成了一個惡性循環，也就是經濟危機的根本原因。

圖 16-1 經濟危機

　　史迪格里茲導師笑著說：「各位明白經濟危機為什麼會發生了嗎？」大家紛紛點頭，表示自己已經明白了。於是，史迪格里茲導師又問了另一個問題：

　　「你們每個月的支出是多少呀？」

　　有人說 5,000 元，有人說 15,000 元，史迪格里茲導師笑著說：「那各位每個月買食物的錢又是多少呢？」

　　花 5,000 元的人說「吃飯跟買零食加起來，一共 1,500 元」，而花15,000 元的人卻不好意思地說「我能花 12,500 元」。

　　大家都笑了，一位男生說道：「史迪格里茲導師，您該不會是要講恩格爾係數吧？」

　　史迪格里茲導師開心地笑了。

第二節　「騙人」的恩格爾係數

「同學們，你們知道恩格爾係數嗎？」史迪格里茲導師笑咪咪地問。大部分人都表示知道，但也有一些同學從未聽說過這個名詞。

史迪格里茲導師想了想，說道：「好吧，各位，在講恩格爾係數前，我先問大家這樣一個問題 —— 社會危機是怎麼產生的？」

社會危機？聽到這個問題，大家都陷入了沉思。不久，一位男生小聲地說道：「……因為沒錢？」

史迪格里茲導師頓時笑了起來：「哈哈，這倒是實話，你說得對，但是不完整。社會危機其實是因為家庭危機，如果一個城市有80%的家庭都長期處於危機中，那這個城市肯定會存在各種問題。」

王羽軒皺著眉頭沉思了一下，不錯，社會原本就是由無數個家庭組成的。如果一兩個家庭出現危機倒沒什麼，但如果大部分家庭都出現了危機，那這個社會就必然出現問題了。

「好了，各位，在了解社會危機出現的原因後，我們再回頭來看看恩格爾係數。」史迪格里茲導師轉身在黑板上寫下一個公式：

$$食物支出金額 \div 總支出金額 \times 100\% ＝恩格爾係數$$

然後他說道：「恩格爾係數就是衡量一個國家和地區人民生活水準的計算方式，它是國際上廣泛使用的一個指標，也是聯合國糧食及農業組織提出的標準，但是 —— 恩格爾係數真的準確嗎？」

這個問題一拋出，大家都很詫異，聯合國糧農組織提出來的標準還能不準確嗎？史迪格里茲導師彷彿看出了大家的想法，他笑著說道：「我為各位舉個例子，各位就知道了。」

史迪格里茲導師說：「假如女生A的薪水是15,000元，男生A的薪

水是 25,000 元，兩人組建家庭後，月薪一共是 40,000 元。他們每月需要還 20,000 元的房貸，女生會買便宜衣服和護膚品需 6,000 元，還有交通、社交費用 10,000 元，所以每月只有 4,000 元用於吃喝。」

大家紛紛把數字記在筆記上，史迪格里茲導師接著說：「女生 B 每月賺 5 萬元，男生 B 每月賺 10 萬元，夫妻二人一共賺 15 萬元。兩個人沒有房貸，也不愛出去旅遊，沒事就網購零食或者叫外賣，所以，兩人用於食物的開銷大約為 10 萬元。」

史迪格里茲導師笑著說：「按照恩格爾係數來說，恩格爾係數在 59% 以上為貧困，50% ～ 59% 為溫飽，40% ～ 49% 為小康，30% ～ 39% 為富裕，低於 30% 為最富裕。大家可以算下，家庭 A 和家庭 B 的恩格爾係數分別屬於哪一類？」（如圖 16-2 所示）

圖 16-2 恩格爾係數

學生們紛紛按照恩格爾係數的算法，算出了兩個家庭的恩格爾係數。王羽軒驚訝地發現：家庭 A 的恩格爾係數為 10%；家庭 B 的恩格爾係數為 67%。如此一來，月薪 40,000 元的 A 家庭為最富裕，而月薪 15 萬元的家庭 B 則是貧困。

數據一出來，大家傻眼了。再算一遍，結果還是一樣的。

史迪格里茲導師用一臉幸災樂禍的表情看著迷茫的學生們，然後開了口：「各位，不要覺得不可思議，也不要懷疑自己的計算結果，因為——恩格爾係數根本就是騙人的！」

史迪格里茲導師的一番話，立刻引來一片譁然。史迪格里茲導師接著說道：「就像剛才那兩位同學一樣，一位月消費 5,000 元，卻只在食物上消費 1,500 元；另一位月消費 15,000 元，卻有 12,500 元用在吃喝上一樣。」

大家恍然大悟，一個女生道：「那麼，恩格爾係數一點用處都沒有嗎？既然沒有用，聯合國糧農組織為什麼還要沿用恩格爾係數呢？」

史迪格里茲導師微笑著說：「當然，我不否認我的例子都是特殊現象，但這種特殊現象確實是生活中隨處可見的事情。恩格爾係數原本就是不夠合理的，只是到目前為止，還沒出現比它更高級的計算方式。」

這位女生接著說：「那麼，對大部分人來說，恩格爾係數還是有效的，對嗎？」

史迪格里茲導師聳了聳肩，彷彿對這樣認準公式的學生很無奈：「當然不對，且不說我剛剛舉的例子，影響恩格爾係數的因素實在太多了，我這麼跟妳說吧——」

史迪格里茲導師舉例道：「不妨就用你們所謂的『綠色食品』為例。據我了解，政府目前把食品分為普通食品、無公害食品、綠色食品、有機食品四個等級，其中有機食品的生產要求最為嚴格，對嗎？」

女生和其他同學頻頻點頭。史迪格里茲導師接著說：「我在某縣市的農貿市場發現，有機蔬菜的價格比普通蔬菜的價格貴了 14 倍；在一些大都會裡，甚至會貴到 15 倍以上。有機稻米也會貴上 8 倍！」

女生把頭髮一甩，問道：「這些跟恩格爾係數有什麼關係呀？」

史迪格里茲導師說道：「假如民眾有錢了，在日常生活中就會選擇有機食品，那用於食物的支出就會上升。直接後果就是 —— 有錢了，恩格爾係數反而變大，原本屬於小康水準的人群，一下子就會被歸為貧困人群！」

女生無話可說了。史迪格里茲導師接著說：「影響恩格爾係數的因素遠不止這些，消費品價格差異、居民生活習慣的差異，以及由社會經濟制度不同所產生的特殊因素，無一不影響著恩格爾係數的浮動。」

女生心悅誠服地點點頭，表示自己明白了。史迪格里茲導師微笑著接著說道：

「在實際操作中，恩格爾係數會受到很多因素的影響。姑且不論各地區消費品價格、生活習慣、社會福利補貼等方面的差異，光是在食品等級的選擇上，就會導致恩格爾係數橫向、縱向比較的難度加大。」（如圖16-3所示）

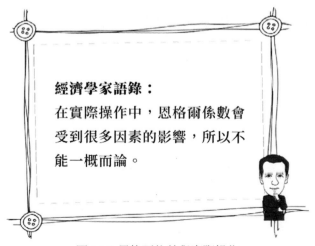

圖 16-3 恩格爾係數與實際操作

「總之，」史迪格里茲導師總結道，「恩格爾係數泛泛而談的話，它的問題不大，但要精準操作確實很難。」

大家都連連點頭，看來真的不能篤信公式啊，遇到事情還是要多思考，這回還真是跟史迪格里茲導師多學了點知識了。

史迪格里茲導師笑咪咪地接著問：「各位都知道，美國是個富裕的國家，但各位知不知道，美國還找要中國借錢呢！」

啊？王羽軒暗想，史迪格里茲導師在逗我們？

史迪格里茲導師臉上雖是笑嘻嘻的，但卻用認真的口氣說：「這是真的，而且，美國還沒少跟中國借錢，各位知道為什麼嗎？」

第三節　美國為什麼找中國借錢？

史迪格里茲導師笑咪咪地說：「美國為什麼向中國借錢？這個問題也可以問成 —— 為什麼中國借錢給美國？」

一位男生嚷嚷道：「因為美國經濟危機，缺錢。」

史迪格里茲導師微笑道：「是呀，2008 年爆發了全球性金融危機，超級大國 —— 美國 —— 也不例外。可是，為什麼美國缺錢了，中國就要把錢借給美國呢？」

大家點點頭，是啊，中國要借錢給美國，肯定是對自己有好處的啊！總不可能一點好處都沒有，就把錢白白借給美國吧？

史迪格里茲導師跟大家分析道：「你們看，中國自從改革開放以來，一直在推行外向型經濟吧？所以累積了大量的美元外匯儲備。中國擁有這麼大的美元儲備，肯定是要花出去的，對吧？」

大家紛紛點頭，史迪格里茲導師笑著說：「大家知道，美元雖然是國際貨幣，但在中國市場買菜的時候，沒有人是按美元結算的吧？」

對，大家表示同意。

史迪格里茲導師接著說：「所以呀，既然美元只能花在美國身上，不能放到中國市場流通，那有什麼辦法把這筆美元花得更有價值呢？答案就是買美國國債！你們想呀，大量的錢放在手裡花不出去，還不如借給美國，收點利息！」

大家都笑了，史迪格里茲導師怎麼給人一種很熟悉中國的感覺呢？

史迪格里茲導師笑著說：「中國美元多呀！所以就成了美國國債的最大持有國之一。如果中國不買美債，美國就會提高收益率，吸引別的國家來買；如果大家都不買，美國就製造通貨膨脹抵消債務！所以呀，中國不得不買美債。」

大家都發出了嘖嘖的聲音，看來中國買美元是勢在必行呀。史迪格里茲導師笑咪咪地說：

「還不止如此呢，大家都知道，美國有錢呀、富裕、穩定，所以美元也相當穩定。雖然小波動還是有的，但卻無傷大雅。各位想想，如果是你買國債，是買一個穩定的大國的國債，還是買一個戰亂不斷的小國的國債？」（如圖 16-4 所示）

大家愣了一下，買哪個不是都能賺錢嗎？

史迪格里茲導師無奈地解釋道：「這樣跟大家說吧，你有錢了，是想借給一個信譽良好、每月都有穩定收入的鄰居，還是想借給一個沒工作、吃了上一餐不知道下一餐在哪裡的鄰居？」

回，大家都異口同聲地做了回答：「當然是借給第一位鄰居了！」

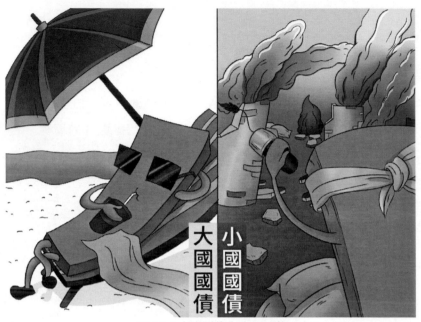

圖 16-4 大國國債與小國國債

這史迪格里茲導師笑著說：「沒錯，大家可以想想，如果把錢借給一個戰亂不斷的小國家，你今天把錢借出去，可能第二天他們就換了一個新政府，新政府若不替上屆政府還債，你這筆錢可就收不回來了！」

大家立刻擺手道：「還是借給美國吧，借給美國才是好選擇！」

史迪格里茲導師笑著說：「既然大家明白了中國借錢給美國的原因，也要知道美國為什麼需要借錢。」

王羽軒一想，也對啊，美國這麼有錢，為什麼還要跟中國借錢呢？

史迪格里茲導師頗為無奈地說：「各位都知道，美國人的福利相當好。但是，各種福利加在一起，也造成了美國的財政赤字！」

王羽軒知道，美國人無論是醫療還是就業，都有著極大的社會保障。這對美國政府而言，無疑是筆巨大的開銷。

史迪格里茲導師接著說道：「還有啊，美國文化與中國不同，我的同鄉薩繆森導師應該跟大家說過，美國人是熱衷於花明天錢的。這種負債消費文化，從美國建國開始就存在了。」

學生們不由得想到了薩繆森導師的話，美國人喜歡貸款，喜歡信用卡，他們已經不是月光族了，而是月負族。

史迪格里茲導師說道：「各位可以想想，美國人都靠信用負債消費，沒有存錢的習慣。大量的債務逼著美國發展資本市場，這必然需要龐大的資金作負債消費的後盾。

還有一點比較有趣的，」史迪格里茲導師笑道，「各位知道，美國是靠選舉產生總統的。所以，歷屆總統候選人為了拉選票，不得不向選民們承諾一些福利條件。這些條件的兌現，也是需要大量資金做基礎的！」

學生們都笑了，課堂上呈現出輕鬆歡快的氛圍。

「好了，親愛的學生們，今天我的課堂，到此就要結束了，」史迪格里茲導師放下了笑容，換上了一臉認真的表情，「所有的經濟學課程，到此也已經全部落幕。」

「唉──」在場的學生們都發出了不捨的嘆息。史迪格里茲導師重新換上了笑容：「可是，各位還是有收穫的，是嗎？」

學生們拚命地點頭，是啊，從威廉·配第導師，到最後一課的史迪格里茲導師，這16位著名的經濟學家，無一不存在於大家的腦海裡。

上第一堂課之前，王羽軒只是一張初涉經濟的「白紙」，但如今，他已經能跟系上導師進行更深入的交流了。所有這一切，都歸功於16位偉大的經濟學家！

史迪格里茲導師再次鞠了一躬，教室裡響起了雷鳴般的掌聲。

經濟學哪有只教你貪財：

邊際效應 × 產業分工 × 附加價值 × 機會成本，十六位經濟學大師帶你瓦解僵局，沒有常識就等著任人宰割！

作　　者：王文君

發 行 人：黃振庭

出 版 者：崧燁文化事業有限公司

發 行 者：崧燁文化事業有限公司

E-mail：sonbookservice@gmail.com

粉 絲 頁：https://www.facebook.com/
　　　　　sonbookss/

網　　址：https://sonbook.net/

地　　址：台北市中正區重慶南路一段六十一號八
　　　　　樓 815 室

Rm. 815, 8F., No.61, Sec. 1, Chongqing S. Rd.,
Zhongzheng Dist., Taipei City 100, Taiwan

電　　話：(02)2370-3310

傳　　真：(02)2388-1990

印　　刷：京峯數位服務有限公司

律師顧問：廣華律師事務所 張珮琦律師

-版權聲明-

定　　價：390 元

發行日期：2023 年 09 月第一版

◎本書以 POD 印製

Design Assets from Freepik.com

國家圖書館出版品預行編目資料

經濟學哪有只教你貪財：邊際效應 × 產業分工 × 附加價值 × 機會成本，十六位經濟學大師帶你瓦解僵局，沒有常識就等著任人宰割！/ 王文君 著 . -- 第一版 . -- 臺北市：崧燁文化事業有限公司 , 2023.09
　面；　公分
POD 版
ISBN 978-626-357-579-0(平裝)
1.CST: 經濟學 2.CST: 通俗作品
550　　　112013057

電子書購買

臉書

爽讀 APP